William Walker Atkinson

Edward E. Beals

PERSONAL POWER – Band I

PERSÖNLICHE KRAFT

IHR MEISTER-SELBST

1922

D1734403

PERSONAL POWER – Band I

PERSÖNLICHE KRAFT

IHR MEISTER-SELBST

1922

William Walker Atkinson

1862 – 1932

Edward E. Beals

Bibliografische Information der Deutschen Nationalbibliothek: Die Deutsche Nationalbibliothek verzeichnet diese Publikation in der Deutschen Nationalbibliografie; detaillierte bibliografische Daten sind im Internet über dnb.dnb.de abrufbar.

© 2019 Tobias Rauber

Autoren: 1922 William Walker Atkinson und Edward E. Beals

Übersetzer: 2019 Tobias Rauber

Herstellung und Verlag:

BoD – Books on Demand, Norderstedt

ISBN: 978-37494-82825

INHALTSVERZEICHNIS

Epigraph 1

Einleitung des Übersetzers und Herausgebers 3

I Vorwort 7

II Ihr Meister-Selbst 11

III Ihr "ICH BIN ICH" 17

IV Bewusste Egoität 35

V Kosmische Kraft 49

VI Die Zwillings-Manifestation 63

VII Die Drei Formeln 79

    Die Formel der Idealisierung 79

    Die Formel der Affirmation 89

    Die Formel der Aktualisierung 93

VIII Verwirklichung Ihrer Ideale 99

    Die Essenzielle Basis 99

    Das Fokussierte Zentrum 100

    Den idealen Körper verwirklichen 104

    Das ideale Mind verwirklichen 106

    Die idealen Bedingungen oder die ideale Umwelt verwirklichen ... 109

IX "Die Meisterformel" 115

    Definitive Ideale 115

    Beharrliches Verlangen 118

    Zuversichtliches Erwarten 120

    Hartnäckige Entschlossenheit 123

    Ausgewogene Gegenleistung 126

    Das Geheimnis der Meisterformel 128

EPIGRAPH

"Suche den Krieger und lass ihn in Dir kämpfen. Nimm seine Befehle zum Kampf und gehorche ihnen. *** Er ist Du selbst, aber unendlich weiser und stärker als Du selbst. Suche ihn, sonst magst Du im Fieber und der Eile des Kampfes an ihm vorübergehen; und er wird dich nicht kennen, es sei denn Du kennst ihn. *** Wenn er einmal in Dich gekommen ist und Dein Krieger geworden ist, wird er Dich niemals gänzlich verlassen, ... "

- Licht auf dem Pfad.

EINLEITUNG DES ÜBERSETZERS UND HERAUSGEBERS

Damit Sie, lieber Leser, den übersetzten Text besser verstehen können beachten Sie bitte folgendes:

Es gibt keine direkte Übersetzung des Englischen Wortes "Mind" in die Deutsche Sprache. Das Englische Wort "Mind" bezeichnet praktisch den mentalen Aspekt des Hirns. So kann das Wort "Mind" je nach Kontext mit Gedanken, Geist, Seele, Verstand, Gemüt, Absicht, Kopf, Animus, Psyche übersetzt werden. Jedes dieser Deutschen Worte beschreibt aber jeweils nur einen Bereich des Bedeutungsumfangs des englischen Wortes "Mind", welches alle diese Eigenschaften beinhaltet. Um die Präzision des Textes, in welchem "das Mind" eine wichtige Hauptrolle spielt, beizubehalten, habe ich das Wort "Mind" teilweise kontextbezogen nicht übersetzt, sondern als Mind im Text beibehalten.

Bitte beachten Sie ausserdem, dass dieses Buch 1922 veröffentlicht wurde. Damals herrschten andere Sichtweisen als heute bezüglich Rassen, Geschlechter, Klassen, etc. Obwohl dieses Buch seiner Zeit voraus war, beinhaltet es teilweise diesbezüglich veraltete Begriffe oder Ansichten. Lassen Sie sich dadurch bitte nicht vom wesentlichen Inhalt ablenken, welcher selbstverständlich für alle gleichermassen gilt, auch wenn dies nicht immer explizit so ausformuliert wurde.

Wir leben in einer Zeit der seichten Unterhaltung, in einer Zeit, in welcher alles einfach und schnell gehen muss. Wenn wir etwas nicht wissen, informieren wir uns schneller per Suchmaschine auf dem Smartphone, als wir jemals an Information gelangen konnten. Meist schneller, als selber zu denken und zu versuchen das Gewünschte mit eigenem Bemühen unter Verwendung unserer Erinnerung, Erfahrung und der Fähigkeit des logischen Denkens zu erarbeiten. Wir sind uns meist nicht bewusst, dass, mit der Verfügbarkeit der Information, auch deren Qualität abgenommen hat. Man sollte sich immer bewusst sein, dass der Fakt, dass etwas im Internet zu finden ist, in Text, Audio oder Video, nicht implizit bedeutet, dass es auch wahr ist. Umso wichtiger ist es, dass wir lernen unsere eigenen Gedanken zu denken, unsere eigenen Gefühle zu fühlen und unsere eigenen Taten zu tun. Dieses Werk ist nicht einfach und schnell zu lesen. Nachdem ich hunderte von Büchern studiert, einige übersetzt, und eigene Schriften zu diesem und ähnlichen Themen selbst verfasst habe, kann ich bestätigen, dass es sich bei diesem ersten Buch aus einer Serie von 12 Büchern um das Eingekochte des Eingekochten handelt, um die Quintessenz, das Zentrum des Kerns, die Information im Samen, das innerste Innere. Wenn Sie sich die Zeit nehmen und gewillt sind selber zu denken, selber zu fühlen, ihre eigene Überzeugung zu erarbeiten, dann wird Sie dieses Buch behutsam bei der Hand nehmen und Sie dazu führen Erkenntnisse aus eigener Erfahrung zu gewinnen, welche Sie auf das höchstmögliche Niveau Ihrer selbst anheben werden. Ich kann Ihnen aus eigener Erfahrung bestätigen, dass der Autor nicht zu viel verspricht, wenn er bekundet "Sie werden nie mehr dieselbe oder derselbe sein", wenn sie dieses Buch wiederholt lesen, studieren, zur Assimilierung ruhen lassen und dann wieder erneut lesen, studieren und die Gedankenexperimente ernsthaft durchspielen. SIE werden sich selbst davon überzeugen und keine weitere Beweisführung der Wahrheit der Anweisungen dieses Buchs mehr benötigen. Dieses Buch ist ein Meisterwerk, wie ich bisher nur wenige angetroffen habe. Es ist eines der wenigen Bücher, welches KEINE dogmatischen Behauptungen enthält, und es ganz Ihnen überlässt, die Erkenntnis, welche es übermittelt schrittweise in eigener Erfahrung zu erarbeiten. Dieses Buch ist ganz Praxis, überlässt die Theorie den Theoretikern und Philosophen, und die Dogmen den Sekten und Kults. Ich wiederhole mich bewusst indem ich sie erneut vorwarne: Dieses Buch ist keine seichte Lektüre. Lassen Sie sich davon nicht abschrecken, lesen Sie es durch, auch wenn es Ihnen zu Beginn nicht verständlich erscheint. Dann legen Sie es beiseite und denken Sie hin und wieder im Alltag darüber nach. Irgendwann werden Sie das Bedürfnis verspüren es erneut zu lesen, dann lesen Sie es erneut. Erkenntnis braucht Zeit um zu wachsen, und indem Sie dieses Buch als Anleitung verwenden, können Sie zu Ihrem vollen Potential heranwachsen. Sie haben in diesem Buch die Anleitung wie sie selbst mit eigenem Effort und eigener Erkenntnis unendlich wachsen können. SIE bestimmen die Grenzen. Sie werden nie damit fertig werden, weil Sie im Fortschritt stetig Ihren Horizont erweitern und damit eine noch grössere Vielzahl an Möglichkeiten erschliessen werden. Willkommen zuhause, willkommen bei Ihnen Selbst, ich wünsche Ihnen viel Spass Sich Selbst und ihre Rolle in diesem Universum zu erkunden und zu entfalten.

Tobias Rauber, März 2019

I VORWORT

Dieses Buch widmet sich dem Thema der Entwicklung, Kultivierung und Bekundung der Persönlichen Kraft – Persönliche Kraft in all ihren Phasen, Aspekten und Erscheinungsformen. "Persönliche Kraft", wie sie in diesem Buch verstanden und gelehrt wird, kann wie folgt definiert werden: "Die Fähigkeit oder Stärke des menschlichen Individuums, durch die es die erwünschten Resultate auf effiziente Art und Weise, durch physischen, mentalen und spirituellen Aufwand und Bestreben, erzielen oder erreichen kann."

Dieses Buch wurde weder mit dem Ziel verfasst, die Welt zu reformieren, noch um Propaganda für die Weiterentwicklung eines bestimmten Credos, Glaubens, Lehrkörpers oder einer bestimmten Doktrin zu betreiben; noch wurde es im Namen einer bestimmten Organisation, eines Kultes, einer Gesellschaft oder einer Schule geschrieben, die daran interessiert ist, ihre Mitgliedschaft zu erweitern oder ihre Lehren zu verbreiten. Vielmehr ist es für SIE geschrieben – SIE sind die Person, an der wir interessiert sind und für welche diese Einweisung bestimmt ist.

Sie wurden von diesem Buch angezogen, und das Buch von Ihnen, aufgrund von bestimmten, stets-wirksamen wenn auch wenig bekannten, Gesetzen des Lebens und des Seins. Sie haben lange auf das Kommen dieses Buches gewartet; Sie sind jetzt bereit, seine Lehren aufzunehmen; "Das Ihre ist Ihnen zuteilgeworden" nach einem Zeitraum des Beobachtens und Wartens; und Sie werden es als Ihr eigenes erkennen, aufgrund einer gewissen intuitiven Wahrnehmung, die zu denjenigen kommt, die bereit sind, das aufzunehmen, was es enthält. Sie haben dieses Buch eingefordert: hier ist es.

Dieses Buch unterscheidet sich in vieler Hinsicht von allem, was Sie jemals gelesen haben. Ein sorgfältiges und ernsthaftes Studium der Wahrheiten, die darin präsentiert werden, wird eine deutliche Veränderung in Ihnen bewirken, auch wenn Sie es zu diesem Zeitpunkt vielleicht noch nicht vollständig realisieren. Sie werden nach dem Lesen dieses Buches nie wieder genau dieselbe beziehungsweise derselbe sein: es wird seinen unauslöschlichen Eindruck in Ihnen hinterlassen haben.

Sie werden vielleicht den Eindruck erlangen, dass Sie es beiseitelegen sollten, und dass Sie kein weiteres Interesse an seinen Lehren haben. Sie werden jedoch feststellen, dass gewisse Erinnerungen an die Aussagen, die darin enthalten sind, bei Ihnen bleiben werden und dass Echos seiner Lehren in den Ohren Ihres Minds klingeln werden. In den Worten von Whitman "werden seine Worte in Ihren Ohren jucken, bis Sie sie verstehen". Seine grundlegenden Wahrheiten und die Vorschläge zu deren Anwendung, werden Ihren Gedanken anhaften wie die Klette, die das Schaf auf seinen Wanderungen aufgesammelt hat, seiner Wolle anhaftet.

Sie können dem Einfluss der Wahrheiten, die auf seinen Seiten präsentiert werden, genauso wenig entkommen, wie Sie vor Ihrem eigenen Schatten davonlaufen können. An jeder Ecke und Kreuzung Ihres hiernach folgenden Erfahrungsweges, werden Sie Sich dabei ertappen, wie Sie fast unbewusst einige der Prinzipien dieser Einweisung anwenden und wie Sie einige der gelehrten Methoden einsetzen. Sie wurden hiermit gewarnt, dass dies der Fall sein wird: Wenn Sie nicht bereit sind, solche Resultate zu erleben, ist es jetzt an der Zeit, das Buch wegzulegen.

Wenn Sie sich jedoch dafür entscheiden, mit dem Lesen und Studieren dieses Buches fortzufahren, haben wir Ihnen mehrere Vorschläge zu machen. Sie müssen nicht erwarten, diese Einweisung bei der ersten Lesung zu meistern. Sie enthält viel feste Nahrung – viele Dinge, die sorgfältige mentale Mastikation, Verdauung und Assimilation erfordern. Sie müssen das Buch mehrmals lesen, von Anfang bis Ende, mit Abständen zwischen jeder Lesung. Dennoch ist die Einweisung recht einfach und Sie werden Sich mit jeder Lesung viele wichtige Tatsachen, Prinzipien und Methoden aneignen.

Der richtige Weg, um dieses Buch zum Zweck des Studiums zu lesen – wie man aus seinen Seiten das darin verdichtete extrahiert – ist, es von

Anfang bis Ende sorgfältig zu lesen, ohne aber zu versuchen, sich einen bestimmten Teil zu merken, oder sich ein bestimmtes Detail einzuprägen. Dann legen Sie es für kurze Zeit beiseite, während Sie über seine Lehren im Allgemeinen nachdenken. Versuchen Sie mit diesem mentalen Wiederkäuen die verschiedenen wichtigsten Themen und Divisionen des allgemeinen Themas zu klassifizieren, ohne aber direkt Bezug auf das Buch zu nehmen. Nachdem Sie dies getan haben, nehmen Sie das Buch wieder zur Hand und absorbieren Sie dieses Mal sorgfältig jede einzelne Phase und jedes Merkmal seiner Anweisungen. Nehmen Sie sich Zeit es auf diese Weise wieder zu Lesen und erneut zu Studieren. Sie werden jedes Mal, wenn sie das Buch wieder zur Hand nehmen, etwas Neues darin finden – ganz gleich, wie oft Sie es zuvor bereits "überarbeitet" haben.

Zu guter Letzt werden Sie gebeten, die in diesem Buch enthaltene Anweisung nicht nur deshalb als wahr anzunehmen, weil wir sie für wahr erklärt haben. Sie verfügen über die Mittel, die Wahrheit unserer Behauptungen zu prüfen und zu belegen – den Test der tatsächlichen Anwendung, des Experimentierens und der Erfahrung. Wenn Sie ernsthaft und beharrlich die darin dargelegten Grundsätze und Methoden in die Praxis umsetzen, werden Sie feststellen, dass Sie die Ergebnisse, die logisch daraus hervorgehen, tatsächlich bekunden und demonstrieren.

Alles, was von Ihnen verlangt wird, ist, zumindest versuchsweise – als eine "Arbeitshypothese" – die allgemeinen Prinzipien, die in diesem Buch veröffentlicht werden, zu akzeptieren und die Ihnen präsentierten Methoden als einen "Arbeitsplan" zu übernehmen. Behalten Sie sich das Recht vor, die Prinzipien oder Methoden oder beide zu akzeptieren oder abzulehnen, nachdem Sie sie einer ernsthaften, gewissenhaften, eifrigen und hartnäckigen Prüfung im wirklichen Leben und in der Arbeit unterworfen haben. Wenn Sie dies tun, werden Sie aller Wahrscheinlichkeit nach, kein weiteres Argument brauchen, um sich von der Wahrheit der dieser Anweisung zugrunde liegenden Prinzipien und von der Wirksamkeit der darin vorgeschlagenen Methoden zu überzeugen.

Hier ist die Prophezeiung: Wenn Sie durch Ihren Intellekt die Grundprinzipien der Persönlichen Kraft erkennen werden; und Sie mit Ihrem Gefühl realisieren werden; dann werden Sie in der Lage sein, sie in Ihrem täglichen Leben und in Ihrer Arbeit zu bekunden und zu demonstrieren, durch die hierin angegebenen Methoden oder durch ähnliche von Ihnen selbst entwickelte Methoden, die aber auf denselben allgemeinen Prinzipien beruhen. Die Prinzipien sind elementar und fundamental; die Methoden sind lediglich dazu bestimmt, Sie zu befähigen die Prinzipien wirksam anzuwenden – Sie haben die Freiheit letztere anzupassen oder zu ändern, um Ihren individuellen Anforderungen zu entsprechen.

Wenn Sie die ersten beiden der obigen Stufen erreichen, werden Sie sicherlich auch die dritte Stufe erreichen – die Stufe der Manifestation. Diese ersten zwei Stufen können von jeder Person durchschnittlicher Intelligenz erreicht werden, vorausgesetzt, dass sie sich getreulich und ernstlich für die Aufgabe einsetzt. Sie werden hiermit herausgefordert, die Wahrheit dieser Prophezeiung durch eine derartige Probe und ein derartiges Experiment zu prüfen: Aber diese Prüfung und dieses Experiment müssen in gutem Glauben, mit einem ernsthaften, seriösen Geist gemacht werden und müssen mit Fleiss, Hartnäckigkeit und Beharrlichkeit verfolgt werden.

II IHR MEISTER-SELBST

Der AKTIVE Agent all Ihrer bewussten Erfahrung sind natürlich SIE SELBST. Das Zentrum Ihrer bewussten Erfahrung ist das "Sie" Element Ihres Seins – das selbstbewusste Etwas, die tatsächliche Existenz und Präsenz, welche Sie geltend machen, wenn Sie sagen: "ICH BIN ICH". Dieses "ICH BIN ICH" Element Ihrer Selbst ist Die Eine Tatsache Ihrer Existenz, derer Sie sich immer absolut sicher sind, und bezüglich welcher Sie sich nie nötigen können, irgendwelche Zweifel zu hegen.

Jedes Mal, wenn Sie "Ich" sagen oder denken, bezeugen Sie die Existenz Ihres Selbst, und seine Präsenz im Bewusstsein. Keine Macht der Argumentation, kein Gewicht von Beweisen, keine Spitzfindigkeit, keine Kasuistik, kein Denkfehler, kann Sie jemals wirklich davon überzeugen, dass Ihr "Ich" nicht existiert; noch, dass es in diesem Moment des Bewusstseins nicht anwesend ist. Sie können nicht wahrhaftig behaupten: "Ich existiere hier und jetzt nicht" – denn, selbst wenn Sie versuchen, eine solche Leugnung und Negation zu machen, sind Sie sich bewusst, dass es das "Ich" selbst ist, das den Versuch macht und die Aussage äussert. So transmutiert selbst Ihr Versuch der Verleugnung und Negation zu einer Bestätigung und Behauptung Ihrer Selbstexistenz und der Gegenwart Ihrer selbst, zu dieser bestimmten Zeit und an diesem bestimmten Ort.

Diese bewusste Gewissheit der Existenz und Gegenwart des Ichs ist die axiomatische Basis aller Philosophie. Es ist die eine unbestreitbare, unwiderlegbare Tatsache Ihrer Gedanken und Ihres Bewusstseins – die eine Tatsache, die nicht geleugnet, bestritten, widerlegt oder umgestossen werden kann. Es ist der eine Punkt, über den Sie sich absolut sicher und gewiss fühlen können. Selbst das scharfsinnigste metaphysische oder philosophische Argument wird scheitern, Ihren Glauben an Ihre eigene Existenz und Ihre Präsenz im Sein zu erschüttern.

Sie können immer im Angesicht aller Argumente "ICH BIN ICH!" verkünden. Sie mögen an den Beweisen Ihrer Sinne zweifeln – aber Sie können niemals an diesem Bewusstsein Ihrer eigenen Existenz als bewusstes Wesen zweifeln. Hier fühlen Sie zumindest, dass Sie auf dem festen Felsen der Gewissheit stehen. Ihre Unsicherheiten beginnen erst, wenn Sie beginnen, sich zu fragen "Was und warum bin ich?" und "Was IST wirklich noch?" Aber beide dieser Fragen implizieren Ihre Gewissheit, dass Sie, Sie selbst, zu dieser Zeit und an diesem Ort gegenwärtig sind. Wenn Sie "jetzt" sagen, besagen Sie damit die bestimmte Zeit oder Dauer, die SIE dann erleben. Wenn Sie "hier" sagen, besagen Sie damit die besondere Position im Raum oder in der Erstreckung, die Sie dann erleben. Sie müssen immer sagen und denken "ICH BIN ICH, Hier und Jetzt!", Aber das Hier und das Jetzt sind relativ zu Ihnen selbst und haben keine andere Bedeutung für Sie.

Wenn Sie denken, dass wir hier "viel Lärm um nichts machen", und dass wir Ihnen etwas erzählen, was jeder weiss, ohne dass es ihm erzählt werden muss, werden wir Ihnen antworten, dass sich Philosophen und Metaphysiker über diesen Punkt ernsthaft, seit dem Anfang des menschlichen Gedanken, gestritten haben – weil sie erkannten, dass dieser eine Punkt, wenn er absolut etabliert war, den Menschen mit seinem einen soliden Felsen der Argumentation versorgte; seinem bestimmten Punkt, von dem aus er seine Erfahrungswelt kartographieren und darstellen könnte. Dass sie über seine Gewissheit und seine wesentliche Wirklichkeit berichtet haben – weil sie sich genötigt fanden, darüber zu berichten – ist ein Hinweis auf seine endgültige Wahrheit. Denn sie haben jeden Versuch unternommen, ihn zu unterminieren oder zu überwinden: Sie sahen die Torheit darin, ihn nur "als selbstverständlich zu betrachten". Sie wussten, dass zu viele Dinge, welche die Menschen "für selbstverständlich hielten", Illusionen oder Wahnvorstellungen waren – zum Beispiel die Scheibenform der Erde, oder die stationäre Position der Erde.

Darüber hinaus haben jene bedeutenden Köpfe, die seit Jahrtausenden das Thema der Persönlichen Kraft erforscht haben, längst die Tatsache entdeckt, dass man, bevor man hoffen kann irgendeine Phase der persönlichen Kraft auszuüben, zuerst zu einem klaren, ausgeprägten und fundamentalen Bewusstsein von SICH SELBST kommen muss – seinem "ICH BIN ICH" – als eine Realität, die all seine mentalen und physischen Instrumente übersteigt; und dass nach dem Grad seines tatsächlichen Bewusstseins der unabhängigen Existenz dieses "ICH BIN ICH" Zentrums seines Wesens, der Grad seiner Fähigkeit abhängt, Persönliche Kraft zu bekunden.

Sie verstehen also, dass wir nicht Ihre und unsere Zeit damit verschwenden, Ihnen etwas zu erzählen, das nicht erzählt werden muss. Stattdessen bemühen wir uns, in Ihnen die tatsächliche und lebendige bewusste Wahrnehmung einer fundamentalen Wahrheit zu erwecken, ohne die Sie nicht hoffen können, Persönliche Kraft zu bekunden oder zu demonstrieren. Wenn wir diese elementare und fundamentale Anweisung auslassen würden, gäbe es keinen Grund, Ihnen den Rest des Themas zu präsentieren.

Dieses Ego, Selbst, "ICH" oder "ICH BIN ICH", welches im Zentrum Ihrer bewussten Erfahrung steht, und welches der wahre Sehende, Handelnde, Fühlende, Denkende, Wollende und Akteur auf Ihrer Lebensreise ist, ist das Meister Selbst – der König auf dem Thron Ihres persönlichen Wesens. Den Verweis darauf hier zu versäumen, wäre, wie wenn man den Charakter von Hamlet aus dem Stück mit demselben Namen weglassen würde. Bevor Sie hoffen können, Persönliche Kraft zu bekunden und zu demonstrieren, müssen Sie sich dieses Etwas bewusst gewahr werden, welches diese Kraft einsetzt und bekundet.

Persönliche Kraft mag in Fülle vorhanden sein, aber wenn nicht auch etwas vorhanden wäre, das in der Lage ist, sie einzusetzen und zu benutzen, wäre keine Bekundung oder Demonstration möglich. SIE sind dieses Etwas. Sie müssen sich ganz bewusst Ihres essenziellen und fundamentalen Selbst gewahr werden, bevor Sie in der Lage sein werden, die Instrumente, welche Ihnen zu Verfügung stehen, zu verwenden. Sie müssen Ihre Souveränität erkennen, bevor Sie Ihren Thron besteigen und Ihr Königreich regieren können.

Wir möchten jedoch an dieser Stelle ausdrücklich betonen, dass wir uns in unserer Betrachtung des Meister-Selbst – des Egos oder "Ichs", welches "ICH BIN ICH" behauptet – ganz auf die Berichte des Bewusstseins bezüglich seiner Anwesenheit und Existenz, seiner Natur und seines Charakters beschränken. Wir werden Ihnen zeigen, wie Sie seine Gegenwart im Zentrum Ihres Seins entdecken können und wie Sie seine verborgenen Kräfte und Möglichkeiten wecken können, damit sie effektiv als Persönliche Kraft eingesetzt werden können.

Wir werden die Verteidigung einer bestimmten der vielen verschiedenen metaphysischen, philosophischen oder theologischen Spekulationen oder Dogmen hinsichtlich seiner Natur, seines Charakters, seiner Quelle oder Herkunft oder seiner Bestimmung ganz vermeiden. Wir ziehen es vor, diese Themen in den Händen derer zu lassen, die sich darauf spezialisieren; wir haben kein Verlangen, in ihre speziellen Denkfelder, Vermutungen oder Spekulationen einzudringen. Wir bevorzugen unsere Gedanken auf das grundlegende Gutachten des Selbstbewusstseins zu stützen – diesen unvermeidlichen, unveränderlichen und unfehlbaren Bericht des erweckten Selbstbewusstseins.

Zum Zwecke unserer Betrachtung des Meister-Selbst in diesem Buch und der darauf aufbauenden Unterweisung genügt es, einfach zu behaupten: (1) dass in Ihnen ein Meister-Selbst, Ego, "ICH", oder eine "ICH BIN ICH" Entität existiert, welcher alle Ihre persönlichen Fähigkeiten, Kräfte und Aktivitäten untergeordnet sind; (2) dass dieses Meister-Selbst (was auch immer es sonst sein mag oder nicht sein mag) als ein fokussiertes Zentrum von Präsenz und Kraft angesehen werden muss, welches durch die Ultimative Präsenz-Kraft, in ihrer Bekundung und Äusserung im Kosmos, bekundet und zum Ausdruck gebracht wird.

Diese beiden allgemeinen Postulate werden von allem menschlichen Denken zu diesem Thema unterstützt, und in der einen oder anderen Form werden sie von allen Phasen des philosophischen, metaphysischen oder theologischen Denkens akzeptiert, wenn auch unterschiedlich interpretiert und erklärt. Darüber hinaus stimmt die tatsächliche menschliche Erfahrung mit ihnen überein. Wir werden Ihnen im weiteren

Verlauf das allgemeine Argument darstellen und Ihnen zeigen, wie fest und fundiert sie (die beiden allgemeinen Postulate) im menschlichen Denken und Erleben sind. Aber dennoch werden Sie nicht gebeten, sie als Wahrheit zu akzeptieren, bis Ihre eigenen Gründe und Erfahrungen sie Ihnen als solche vermelden.

Lassen Sie uns alsdann mit der Prüfung des ersten der obengenannten Postulate beginnen, nämlich: "Es existiert in Ihnen ein Meister-Selbst, Ego, "ICH" oder eine "ICH BIN ICH" Einheit, welcher alle Ihre persönlichen Fähigkeiten, Kräfte und Aktivitäten untergeordnet sind." Das Argument und der Beweis dieser Aussage sind vollständig aus Ihrer eigenen bewussten Erfahrung und nicht aus irgendwelchen philosophischen, metaphysischen oder theologischen Theorien oder Dogmen zu führen. Eine Selbstanalyse wird Ihnen den Nachweis erbringen; dieser einmal so erlangte Beweis wird weit befriedigender sein als das blosse "so sagen" oder "so spricht" anderer.

Wir bitten Sie inständig, sorgfältig mit diesem Prozess der Selbstanalyse zu verfahren, denn er wird Ihnen Ergebnisse von praktischstem und lebendigstem Charakter erbringen. Übergehen Sie diesen Teil der Instruktion nicht als einen rein theoretischen oder spekulativen – denn er ist weit davon entfernt. Und nehmen Sie vor allem nicht die Position ein: "Ich bin bereit, dies ohne wirklichen Beweis als gegeben hinzunehmen, ohne mich um die Untersuchung zu kümmern"; denn dadurch werden Sie den wirklichen Kern der Anweisung verpassen. Denn, bekanntlich wird der Prozess der Selbstanalyse nicht nur "den Gegenstand" zu Ihrer Zufriedenheit "unter Beweis stellen", er wird auch die Kraft des "ICH BIN ICH," oder Meister-Selbst in Ihnen erwecken, auf eine Art und Weise die durch andere Mittel unmöglich wäre. Sie müssen dieses "ICH BIN ICH" nicht nur intellektuell erkennen, sondern es auch mit Ihrem Gefühl erfassen, bevor Sie es in Handlung bekunden und demonstrieren können.

In den folgenden Kapiteln dieses Buches werden wir Sie, durch Ihre eigene Selbstanalyse, mit Ihrem Meister-Selbst, Ihrem Ego, Ihrem "ICH" oder "ICH BIN ICH" vertraut machen. Sie werden dahin geführt es nicht nur zu "sehen", sondern es auch in sich zu "fühlen". Dieses "Sehen" und "Fühlen" bilden die ersten beiden Stufen oder Schritte in der Entwicklung der Persönlichen Kraft – die Stufe oder der Schritt des "Tuns" ist die, bzw. der, dritte und resultiert aus dem Erlangen der ersten beiden. Je gründlicher Sie in den ersten beiden Stufen verwurzelt sind, desto besser werden Sie in der Lage sein die letzte zu erklimmen.

III IHR "ICH BIN ICH"

Wir bitten Sie nun, den Prozess der Selbstanalyse zu durchwandern, um zur Entdeckung Ihres Meister-Selbst zu gelangen. Im allgemeinsten Sinne ist das eigene Selbst eine Mischung aus persönlichen mentalen und physischen Qualitäten, Teilen, Faktoren und Elementen. Wenn Sie sagen: "ich selbst" (den Ausdruck in diesem Sinne verwendend), meinen Sie damit Ihr gesamtes persönliches Wesen, äusseres und inneres, Körper und Mind, und möglicherweise auch "Geist". Sie verwenden den Begriff "selbst", um Ihr gesamtes persönliches Wesen von dem, einer anderen Person oder der, anderer Personen zu unterscheiden. Hier führen Sie einen Analyse- oder Trennungsprozess durch. Das ist wirklich die erste Stufe oder der erste Schritt Ihrer Selbstanalyse, die sie durchwandern, um Ihr Meister-Selbst oder wahres Selbst zu entdecken.

Die zweite Stufe (oder Schritt) der Selbstanalyse ist die, dass Sie Ihr Ego, "ICH BIN ICH" oder Meister-Selbst von dem physischen Selbst abstrahieren – das Innere von dem Äusseren. Sie können dies durch eine bewusste Handlung tun, in welcher die Vernunft mit der Vorstellungskraft kooperiert. Sie finden, dass der innerste Bericht des Bewusstseins der ist, dass das "ICH BIN ICH" Bewusstsein nicht notwendigerweise mit dem Bewusstsein Ihres Körpers verbunden ist; aber im Gegensatz dazu, kann sich das "ICH BIN ICH" selbst als unabhängig von dem Körper den es bewohnt existent empfinden. Wenn das Selbstbewusstsein sagt: "ICH BIN ICH", meint es damit, dass es selbst, das "ICH BIN ICH"-Bewusstsein, nicht der Körper ist, sondern ein Etwas, das den Körper bewohnt oder belegt; der Letztere ist bloss ein physisches Kleidungsstück, das es besetzt; oder das Instrument oder die Maschinerie, das oder die es zur physischen Aktivität einsetzt.

Das "ICH BIN ICH" kann die an den physischen Körper befestigte Hand anheben, indem es durch einen Willensakt die physikalischen Muskeln durch Ströme von Mind-gerichteter Nerven-Kraft betätigt. Das "ICH BIN ICH" kann beiseite stehen und die bewegende Hand betrachten, und die Handlung, mit der die Hand bewegt wird, genauso wie es irgendein physisches Objekt betrachten kann, das nicht am Körper befestigt ist. Probieren Sie es aus und Sie werden sehen und fühlen, dass dies der Fall ist. Sie werden feststellen, dass Sie das Bewusstsein Ihres "ICH BIN ICH" haben, indem Sie Ihre Hand bewusst durch einen Willensakt bewegen; wobei die Hand nur ein Teil Ihrer physischen Maschinerie ist. Bewegen Sie Ihre Hand auf und ab, dann seitwärts, bis die volle Empfindung und das Bewusstsein Ihrer wahren Beziehung zu ihr vollständig von Ihnen erfasst ist.

Sie werden durch ähnliche Experimente entdecken, dass Sie ebenfalls jeden Teil Ihres physischen Körpers – sogar den ganzen Körper selbst – bewegen können. Allmählich wird Ihnen die Erkenntnis und Einsicht aufgehen, dass Ihr Körper und jedes einzelne Glied oder Teil davon, nur ein ausgezeichnetes Stück physischer Maschinerie ist, deren Bewegungen Sie durch Ihren Willen und Ihren Verstand kontrollieren. Dann werden Sie vielleicht zum ersten Mal erkennen, dass Ihr Körper nur Ihre physische Maschinerie ist, die als Teil, oder als Ganzes, vom "ICH BIN ICH" benutzt, verwendet, kontrolliert, gelenkt, in Bewegung gesetzt, oder bewegungslos gemacht werden kann, wenn es die Kontrolle über die Nerven und Muskeln erlernt hat, die an den verschiedenen Teilen des Körpers haften und deren Bewegungen regulieren.

Es ist richtig, dass das autonome Nervensystem bestimmte Bewegungen des physischen Körpers – besonders jene Bewegungen und Prozesse, die mit den inneren Organen zu tun haben – zu einem grossen Teil übernommen hat; aber die Wissenschaft informiert Sie, dass alle autonomen Muskeln ursprünglich willkürliche Organe oder Gewebe waren, und dass sie allmählich in das autonome und unbewusste Feld der Aktivitäten umgewandelt wurden, wobei die Veränderung im Interesse der vitalen Ökonomie gemacht wird, das heisst, dass das Selbst Zeit haben kann, um sich intensiver an seinen willkürlichen körperlichen Aktivitäten zu beteiligen. Aus diesem Grund müssen Sie die meisten Ihrer wichtigen willkürlichen Muskelbewegungen durch Übung und

Experimentieren lernen, wie zum Beispiel die Bewegungen des Gehens, des Hantierens mit Messer und Gabel, des Schreibens, des Ankleidens usw. Ausserdem ist bekannt, dass die Hatha Yogis von Indien und andere, die in dieser Richtung experimentiert haben, die Kontrolle über die unwillkürlichen Muskeln wiedererlangt haben, und sie ihre Tätigkeit nach Belieben starten oder stoppen können oder umgekehrt – das gilt nicht nur für die Muskeln der Verdauungs-, Assimilations- und Eliminationsorgane, sondern auch für das Herz selbst.

Ihr Verstand erkennt die Tatsache, dass sich die Partikel Ihres Körpers ständig ändern; Ihr Körper ist heute ganz anders als der, den Sie vor ein paar Jahren bewohnt haben, und ganz anders als der, welchen Sie als Kind eingenommen hatten. Gleichzeitig aber informiert Sie Ihr Bewusstsein darüber, dass Ihr "ICH BIN ICH" oder Ego, oder Meister-Selbst, identisch mit dem von vor ein paar Jahren oder sogar dem Ihrer Kindheit ist. Sie sind das gleiche "ICH BIN ICH", das Sie immer waren, soweit Ihr Gedächtnis berichten kann.

Sie sehen also, dass Ihr Körper nicht nur etwas ist, das von Ihrem "ICH BIN ICH" oder Meister-Selbst, durch seine etablierte mentale und physische Maschinerie, benutzt, kontrolliert und bewegt wird, sondern auch, dass Ihr Körper überhaupt nicht derselbe Körper ist, den Sie vor ein paar Jahren besessen und benutzt haben. Kurz, Sie stellen fest, dass, während Ihr Körper sich ständig ändert, repariert und überholt, durch die Beseitigung des alten, abgenutzten Materials und die Substitution durch neues, frisches Material, Ihr "ICH BIN ICH" in seinen wesentlichen Identitäten, während Ihrer ganzen physischen Existenz, unverändert bleibt. Der Körper ist eine unbeständige und sich verändernde Maschine, während Ihr "ICH", das Ihn bedient, das permanente und konstante Element Ihres Wesens ist – derselbe Bediener, der eine sich ständig wandelnde Maschine betreibt.

Indem Sie Ihre Vorstellungskraft benutzen, werden Sie entdecken, dass es Ihnen zwar möglich ist, sich selbst in Körpern anderer Art zu phantasieren, tatsächlich in fast jeder Art, dass es ist Ihnen jedoch absolut unmöglich ist, sich selbst als ein anderes "ICH BIN ICH" unter solchen Bedingungen vorzustellen. Die Imagination wird berichten, dass sie zwar in der Lage war, sich vorzustellen wie Sie verschiedene Körper annahmen und wieder beiseitelegten, so wie Sie Anzüge oder Kostüme an- und auszuziehen, dass sie jedoch nicht in der Lage ist, sich vorzustellen, wie Sie Ihr identisches "ICH BIN ICH" ablegen und ein anderes werden. Selbst auf ihren wildesten Flügen wird die Phantasie gezwungen sein zu berichten, dass das "ICH BIN ICH" gleichbleibt, egal wie stark sich die verschiedenen Körper unterscheiden, die nacheinander von ihm besetzt werden.

Die Vorstellungskraft kann sich sogar vorstellen, wie Sie neben Ihrem schlafenden oder toten Körper stehen und ihn so ansehen als ob er der Körper eines anderen wäre – in der Tat haben viele Menschen diese Erfahrung in ihren Träumen gemacht; Aber selbst in diesem Fall wird das "ICH BIN ICH" als "das selbe alte ICH" gesehen und gefühlt, und als habe es seinen Sinn für Identität, Kontinuität oder Vollständigkeit nicht verloren. Sie können sich niemals vorstellen, dass Sie sich auf diese Weise zur Seite stellen und Ihr "ICH BIN ICH" oder Meister-Selbst betrachten – denn wenn Sie es versuchen, werden Sie entweder feststellen, (1) dass es kein "ICH BIN ICH" gibt, oder andernfalls, (2) dass das "ICH BIN ICH" nichts hat, was man ansehen könnte. Sie können die obigen Experimente mit Ihrer Vorstellungskraft gewinnbringend ausprobieren; sie werden dazu dienen, gewisse essenzielle Begrenzungen der Vorstellungskraft, die sie nicht überschreiten kann, in Ihrem Bewusstsein festzuhalten; und bestimmte wesentliche Attribute des "ICH BIN ICH", derer es nicht einmal durch Willen und Vorstellungskraft beraubt werden kann gewahr zu werden. Sie werden dadurch eine lebendige Erfahrung bestimmter grundlegender Tatsachen Ihres mentalen Wesens erfahren, die Ihnen bisher unbekannt waren.

Die Lektion dieser zweiten Stufe der Selbstanalyse ist die: Dass der physische Körper in seinen Teilen und in seiner Gesamtheit nicht Ihr "ICH BIN ICH" oder Meister-Selbst ist; sondern nur etwas ist, das zu Ihnen gehört und von Ihnen in Ihrer Aufgabe des Ausdrucks und der physischen Bekundung benutzt wird. Was immer Ihr "ICH BIN ICH" oder

Meister-Selbst sonst sein oder nicht sein mag, es ist sicherlich nicht Ihr physischer Körper, weder in seinen Teilen, noch in seiner Gesamtheit.

Wenn Sie einen bestätigenden Beweis wünschen, müssen Sie sich nur bei Personen erkundigen, die ihre Arme, Beine oder andere wichtige Teile ihres Körpers verloren haben. Sie werden Ihnen immer mitteilen, dass ihr "ICH-Bewusstsein" – ihr Bewusstsein des "Selbst" – durch den Verlust von Teilen ihres Körpers nicht im Geringsten beeinflusst oder vermindert wurde. Sie werden Ihnen mitteilen, dass "das selbe alte ICH" gegenwärtig ist, sich so vollständig wie immer fühlt und sich nicht bewusst ist, dass die wahre "Selbstheit" verloren gegangen ist. Darüber hinaus informieren Sie massgebliche medizinische Annalen darüber, dass in Fällen von Lähmungen eines grösseren Teils des Körpers, das "ICH BIN ICH" Bewusstsein immer noch intakt und unvermindert ist – der Bericht ist immer "Ich bin immer noch hier; ICH BIN ICH, genauso wie ich es immer war."

Wir bitten Sie, diesen ersten Schritt der Selbstanalyse zu meistern, zumindest in dem Masse, dass Sie tatsächlich das "Gefühl" im Bewusstsein entwickeln, dass es ein Etwas gibt, das Ihren physischen Körper als Instrument des Ausdrucks "besitzt", besetzt und verwendet, als eine Maschine zur Erzeugung körperlicher Aktivität; das aber, in sich selbst, Meister des Instruments ist oder der Maschine übergeordnet ist – und dieses Etwas sind SIE, Sie selbst. Geben Sie sich nicht damit zufrieden, dass Sie der Aussage nur zustimmen, weil Sie sie intellektuell "erkennen". Seien sie bestrebt, es als einen Fakt des effektiven Bewusstseins zu "fühlen" – damit gewinnen Sie einen wichtigen Schritt in der Entfaltung der Persönlichen Kraft.

Zögern Sie nicht, Ihre Imagination und Ihren Intellekt zur Hilfe zu rufen – denn beide sind zulässige Instrumente Ihres mentalen Mechanismus, die jeweils ihre eigenen Dienste für Sie ausführen. Sagen Sie nicht: "Ich kann mir alles vorstellen", denn wahrlich, Sie können es nicht – die obigen Experimente werden Ihnen zeigen, dass sowohl die Imaginationskraft als auch der Intellekt ihre Schranken und Grenzen haben, über die sie nicht hinausgehen können. Übergehen Sie das nicht als blosse Phantasie oder als unwichtig; es ist ziemlich wichtig und hat eine eindeutige und besondere Rolle in der Unterweisung, die wir Ihnen in diesem Buch anbieten. Wir möchten, dass Sie "sehen" und "fühlen", dass Sie etwas viel Grundlegenderes, Wesentlicheres und "Realeres" Sind, als Sie sich jemals vorgestellt haben.

Vielleicht denken Sie jetzt, dass wir Ihnen gezeigt haben, dass das "ICH BIN ICH" oder Meister-Selbst nicht der physische Körper ist, und dass wir Ihnen sagen müssen, dass es daher "das Mind" sein muss; wenn dem so ist, dann freuen Sie sich jetzt auf das übliche Gespräch über das Thema "Alles ist Mind", von dem Sie so viel gehört haben – möglicherweise zu viel. Aber Sie irren sich, wenn Sie das vermuten. Sie werden aufgefordert, sich von Ihrem "Mind Zeugs" zu lösen, wie Sie sich von Ihrem "Körper Zeugs" gelöst haben, bevor Sie sich des vollen, klaren, strahlenden Lichts des "ICH BIN ICH" oder Meister-Selbst bewusst werden. Sie sind wie die Fliege, die sich abmüht, sich von dem "klebrigen Fliegenfänger Papier" zu befreien, an welchem sie gefangen wurde; Sie haben sich jetzt vom Körper des Papiers befreit, aber Ihre Beine und Flügel sind noch voll von dem "klebrigen Zeug"; Sie müssen nun langsam und vorsichtig fortfahren, um sich von den fremden Materialien zu befreien, die Sie davon abhalten, Ihre Flügel und Beine in vollkommener Freiheit und unter perfekter Kontrolle zu nutzen.

Die dritte Stufe der Selbstanalyse ist die, in welcher Sie Ihr "ICH BIN ICH" oder Meister-Selbst von diesem Teil Ihrer mentalen Natur trennen, die Sie Ihre "emotionale Natur" nennen, das heisst, Ihre verschiedenen Gefühle, Emotionen, angenehme oder unangenehme mentale Zustände, und Ihre Verlangen. Denken Sie jedoch daran, dass Sie nicht aufgefordert werden sollten, diesen wichtigen Teil Ihrer Natur tatsächlich zu verwerfen, genauso wenig wie Sie tatsächlich Ihren sehr nützlichen physischen Körper verwerfen sollten. Im Gegenteil, von Ihnen wird erwartet, dass Sie sowohl den physischen Körper als auch die emotionale Natur noch effizienter einsetzen, wenn Sie erst einmal entdeckt haben, dass es sich nur um Ihre physischen und psychischen Instrumente und Maschinerie handelt und nicht um essenzielle und untrennbare Elemente des "ICH BIN ICH" oder Meister-Selbst. Sie werden aufgefordert zu lernen, wie man diese Instrumente und diese Maschinerie als Meister benutzen kann, anstatt von ihnen als ihr Sklave benutzt zu werden! Aber um der Meister zu sein, müssen Sie zuerst entdecken, dass Sie diesen nützlichen Instrumenten und Maschinen überlegen und im Wesentlichen davon unabhängig sind. Wenn Sie das gelernt haben, können Sie diese Dinge so benutzen, wie sie benutzt werden sollten – von IHNEN als Meister, nicht als Sklave! Lernen Sie zuerst zu wissen – fahren Sie dann fort mit der Anwendung!

Für die Verwirklichung der dritten Stufe Ihrer Selbstanalyse fahren Sie mit drei Schritten fort, nämlich: (1) die Entdeckung, dass Ihre emotionalen Zustände temporär, unbeständig, und in stetigem Wandel sind; (2) die Entdeckung, dass Ihre emotionalen Zustände durch das "ICH BIN ICH" oder Meister-Selbst beobachtet, betrachtet, untersucht, analysiert und kontrolliert werden können; und dass sie in solchen Prozessen als Objekte, auf die die Aufmerksamkeit des "ICH BIN ICH" oder Meister-Selbst gerichtet ist, abgesondert werden können, wobei letzteres immer das Subjekt bleibt, das die Untersuchung durchführt; und (3) dass, nachdem Sie alle Ihre emotionalen Zustände mental abstrahiert oder beiseitegelegt haben, immer noch etwas verbleibt, das unverändert, unbeeinträchtigt, konstant und permanent ist – was nicht als Objekt der Aufmerksamkeit abgesondert werden kann – das "ICH BIN ICH" oder Meister-Selbst.

Der erste der drei obengenannten Schritte ist recht einfach in seiner Ausführung. Sie haben bereits entdeckt, dass Ihre emotionalen Zustände unbeständig und veränderlich sind. Sie erinnern Sich, dass Sie vor ein paar Jahren – vielleicht vor ein paar Monaten, Wochen oder Tagen – eine ganze Palette von Gefühlen, Emotionen, Vorlieben und Abneigungen, Wünschen, Verlangen und Begierden gehabt haben, die sich von denjenigen, die heute von Ihnen gehegt werden, grundlegend unterscheiden. Ihre Liebe und Ihr Hass haben sich oft verändert – oft haben sie vielleicht ihre Plätze vertauscht – zumindest im Ausmass der Intensität und in Richtung des Objekts. In einigen Fällen sind sie so vollständig dahingeschwunden, dass es jetzt eine deutliche Anstrengung der Erinnerung erfordert, um sie als zuvor von Ihnen erlebt zu erinnern.

Manche Menschen sind in ihren Gefühlen konstanter als andere; aber einige Grade der Veränderung erfahren alle Menschen. Die Gefühle des Kindes ändern sich, wenn die Zeit der Adoleszenz angegangen wird; die Gefühle des Jugendlichen unterscheiden sich von denjenigen des Kindes und denjenigen des reifen Mannes oder der reifen Frau; die Emotionen des mittleren Alters sind noch unterschiedlicher; und die des Alters haben ihren eigenen, besonderen Charakter. Darüber hinaus verursacht das konstante Spiel der Umstände und des Umfelds Veränderungen in den emotionalen Zuständen des Individuums. Sie haben einige dieser Veränderungen persönlich erfahren; Ihre Beobachtungen und Nachforschungen werden Sie ansonsten zufriedenstellen.

Aber Ihre eigenen Erfahrungen und Ihre Nachforschungen bezüglich der Erfahrungen anderer, werden Ihnen zeigen, dass in all diesen Fällen das "ICH BIN ICH" des Individuums – sein Meister-Selbst – durch all diese unzähligen Veränderungen und Umwandlungen emotionaler Zustände hindurch, konstant, unverändert und identisch bleibt. Das "ICH BIN ICH" oder Meister-Selbst hat diese emotionalen Stürme, Unwetter, Ruhefasen und "Gegenwinde" überlebt – in der Tat hat seine Erinnerung viele von ihnen vergessen. Das Individuum fragt sich häufig: "War es möglich, dass ich je in dieser Art und Weise über diese Dinge oder Personen gefühlt habe?" Das "ICH BIN ICH" oder Meister-Selbst ist das konstante, permanente Etwas, das diese temporären, sich stetig wandelnden Winde und Stürme der Gefühlszustände überlebt.

Der zweite Schritt ist ebenfalls einfach, wenn Sie die Idee einmal verstanden haben. Er besteht nur aus der Untersuchung, Erwägung, Beobachtung und Analyse Ihrer emotionalen Zustände. Sie empfinden es als recht einfach, das Licht der Aufmerksamkeit auf irgendeinen bestimmten emotionalen Zustand zu richten, den Sie zuvor erlebt haben. Wenn Ihre Aufmerksamkeit ernsthaft darauf gerichtet wird, nehmen Sie seine Vergangenheit mühelos wahr; wie er entstand; was ihn zum Ausdruck gebracht hat; wie er zu seinem Gipfel oder Höhepunkt anstieg;

wie er verrauschte oder zumindest schwächer wurde; welche Ideen dazu dienten, ihn zu stärken oder zu schwächen, zu ernähren oder zu verhungern; wie er in eine andere Gefühlsform umgewandelt wurde; und so weiter und so fort. Kurz, Sie werden feststellen, dass Sie in der Lage sind, jeden emotionalen Zustand, der von Ihnen erlebt wurde, zu untersuchen, zu betrachten, zu beobachten und zu analysieren, geradeso, wie Sie eine winzige Kreatur unter dem Mikroskop betrachten würden. Sie platzieren den emotionalen Zustand als das Objekt, welches unter dem Mikroskop der Aufmerksamkeit zu betrachten ist; während das "ICH BIN ICH" oder Meister-Selbst immer das Subjekt bleibt, das die Untersuchung am Beobachtungsende des Mikroskops durchführt.

Darüber hinaus erinnern Sie sich an viele Fälle, in denen Sie einige Ihrer emotionalen Zustände kontrolliert, zurückgehalten oder vorangetrieben, geführt und geleitet und in der Regel "verwaltet" haben – dies, dem Grad der Erweckung Ihres "ICH BIN ICH" entsprechend und durch seinen Willenseinsatz. Sie haben gelernt, zumindest bis zu einem gewissen Grad, viele Ihrer emotionalen Zustände, Ihrer Gefühle und Impulse, Ihrer Wünsche und Ihrer Neigungen zurückzuhalten oder zu unterbinden – dies jeweils in Reaktion auf das Diktat der Klugheit, Ethik, Moral, Gerechtigkeit, Selbstachtung oder des Eigeninteresses. Kurz gesagt, Sie haben zumindest zu einem gewissen Grad gezeigt, dass das "ICH BIN ICH", oder Meister-Selbst, der Treiber der emotionalen Rosse ist – wobei letztere die Kreaturen sind, die von den Zügeln, Gebissen und Kopfstücken des Willens geführt und gelenkt werden. Und indem Sie dies getan haben, haben Sie gezeigt, dass das "ICH BIN ICH" oder Meister-Selbst eine Sache ist, und die emotionalen Zustände eine ganz andere Sache – dass die beiden überhaupt nicht identisch sind.

Im dritten Schritt dieser Phase Ihrer Selbstanalyse, fahren Sie mit der Entdeckung der Tatsache fort, dass, nachdem Sie alle Ihre emotionalen Zustände mental abstrahiert und beiseitegelegt haben, ein unverändertes und unbeeinträchtigtes, festes, konstantes und permanentes Etwas übrigbleibt – das "ICH BIN ICH" oder Meister-Selbst, das im Zentrum des Kerns Ihres Seins verweilt. Sie können dies durch

Ausübung Ihres Gedächtnisses tun, und durch den Einsatz Ihrer Kraft reinen Selbstbewusstseins, unterstützt durch Ihre Imagination.

Sie werden sehen, dass sich Ihre emotionalen Zustände genauso wie in der Vergangenheit verändert oder gewandelt haben, und das "ICH BIN ICH" oder Meister-Selbst in konstanter, gleichbleibender und unveränderter Fülle des Seins belassen haben. So können Sie nun Ihr "ICH BIN ICH" oder Meister-Selbst mental abbilden, wie es verschiedene Reihen oder Kombinationen von emotionalen Zuständen, Gefühlen, Verlangen usw. erlebt und dabei, trotz der Veränderungen, immer das gleiche "ICH BIN ICH" oder Meister-Selbst bleibt. Sie können sich vorstellen, dass Sie viele verschiedene Rollen und Charaktere im Drama des Lebens spielen, aber, unter der Maske und den charakteristischen emotionalen Gewändern, die an die gespielte Rolle angepasst sind, immer das gleiche, identische "ICH BIN ICH" oder Meister-Selbst bleiben.

Darüber hinaus können Sie sich mental ausmalen, überhaupt keine emotionalen Gefühle zu haben, vorausgesetzt, dass die Objekte und Ideen, die ursprünglich Ihre emotionalen Zustände hervorriefen, in Ihrem Gedächtnis aus der bewussten oder unbewussten Existenz ausgelöscht wurden. Aber selbst in solch einem extremen Fall werden Sie völlig davon überzeugt sein, dass Ihr "ICH BIN ICH" oder Meister-Selbst dieselbe Konstante bleiben würde, dasselbe Etwas, das es jetzt ist und immer war.

Die Lektion in dieser dritten Stufe der Selbstanalyse ist die: Dass die emotionelle Natur aller Art, in allen ihren Phasen, Formen, Aspekten, Modi und Bekundungen, nicht das "ICH BIN ICH" oder Meister-Selbst ist; sondern stattdessen etwas, das zu dieser essenziellen und dauerhaften Einheit "gehört". Was auch immer Ihr "ICH BIN ICH" oder Meister-Selbst sonst sein mag oder nicht sein mag, es ist sicherlich nicht Ihre emotionelle Natur, weder in ihren Teilen, noch in ihrer Gesamtheit.

Die vierte Stufe der Selbstanalyse ist die, in welcher Sie das "ICH BIN ICH" oder Meister-Selbst von Ihren "Denkens-Zuständen" abstrahieren. Ihre "Denkens-Zustände" sind aus "Gedanken" von verschiedenen Komplexitätsgraden zusammengesetzt, welche sich von der einfachsten Wahrnehmung, die von Empfindungen oder Sinnesberichten jeglicher Art herrührt, bis zu den höheren Kombinationen von Gedanken, die wir "Konzepte", "Ideen", "Überzeugungen", "Urteile", "Schlussfolgerungen" usw. nennen, erstrecken.

Indem Sie Ihre "Denkens-Zustände" sorgfältig untersuchen, werden Sie dort eine Verfassung entdecken, die derjenigen stark ähnelt, die mit Ihren "Gefühlszuständen" verbunden ist. Das heisst, Sie werden feststellen, dass Ihre "Denkens-Zustände" (1) unbeständig und veränderlich sind; (2) prüfbar, beobachtbar, experimentierbar, analysierbar, kontrollierbar und steuerbar sind, so dass sie als Objekte der Aufmerksamkeit, die das "ICH BIN ICH" oder Meister-Selbst lenken kann, abgesondert werden können, wobei das letztere das ausübende Subjekt der Aufmerksamkeit ist; und (3) dass, nachdem Sie alle diese "Denkens-Zustände" gedanklich abgesondert und untersucht haben, etwas, das konstant, unverändert, unbeeinträchtigt und dauerhaft ist übrigbleibt – das "ICH BIN ICH" oder das Meister-Selbst, das in allen Prozessen des Überlegens und Denkens identisch bleibt und sie alle übersteigt.

So wie Sie die "Gefühlszustände" gefunden haben, so finden Sie nun die "Denkens-Zustände", die dem Gesetz der Veränderung, Modifikation, Wandlung, Transformation und Transmutation unterliegen. Sie müssen nur auf Ihr vergangenes Leben zurückblicken – wenn auch nur ein paar wenige Jahre zurück – um zu entdecken, dass sich in Ihren Gedanken, Urteilen, Überzeugungen und Schlussfolgerungen eine ständige Entwicklung und Evolution vollzogen hat. Sie wissen, dass neue Konzepte, neue Ideen, neue Urteile, neue Schlussfolgerungen Ihre vormaligen ersetzt haben. Ihre Erfahrung hat in dieser Hinsicht viele bemerkenswerte Veränderungen bewirkt; viele Ihrer früheren Vorstellungen, Ideen und Überzeugungen wurden vielleicht völlig umgekehrt.

Ausserdem wissen Sie, dass beeinträchtigte Gesundheit, hohes Alter, Überarbeitung, Müdigkeit oder andere körperliche Ursachen dazu geführt haben, dass Sie Ihre Ideen, Meinungen, Vorstellungen und Überzeugungen geändert, modifiziert und neu bestimmt haben; und dass Sie Ihre Fähigkeiten der Erinnerung, Argumentation und konstruktiven Imagination veränderten und beeinflussten. Wiederum hat Ihre Erfahrung Sie gelehrt, dass Umfeld und veränderte Bedingungen Ihre Gedanken, Ideale und Überzeugungen sowie Ihre Gefühle stark verändert haben. Kurz, Sie nehmen wahr, dass Ihre "Denkens-Zustände" veränderliche, wechselnde, unbeständige Dinge sind, und nicht fest, konstant, unveränderbar und identischer Natur.

Sie sind aber auch davon überzeugt, dass hinter und im Zentrum dieser wechselnden Strömungen der Gedanken und des Denkens ein Etwas – ein "ICH BIN ICH" oder Meister-Selbst – wohnt und immer gewohnt hat, das konstant, unverändert, unbeeinflusst und im Wesentlichen identisch geblieben ist. "Sie" sind immer "Sie" und sind schon immer "Sie" – und nichts als "Sie" – geblieben, trotz all dieser Veränderungen Ihrer "Denkens-Zustände" oder Gedankenströme. Der "Denker" war immer da – immer gleich – egal wie die Gedanken im Laufe der Jahre gekommen und gegangen sind, sich verändert und gewandelt haben.

Ebenso wissen Sie, dass das "ICH BIN ICH" oder Meister-Selbst immer das Subjekt des Gedankenflusses ist, der vor ihm dahinfliesst. Des Weiteren wissen Sie, dass Sie, indem Sie die Aufmerksamkeit auf irgendeinen Gedankengang richten, ihn im Bewusstsein zurückhalten oder nach Belieben aus dem Bewusstsein hinaustreiben können – wenn der Wille für dieses Wirken trainiert wurde. Ebenso wissen Sie, dass es (das Meister-Selbst) die Erinnerung oder die Vorstellungskraft auffordern kann, ihre jeweilige Arbeit zu erledigen. Das "ICH BIN ICH" oder Meister-Selbst kann nach Belieben Gedanken schaffen, die einfacheren Elemente zu komplexeren kombinieren, sie vergleichen und über sie entscheiden – das begründet die Prozesse des logischen Denkens. Es gibt eine klare Unterscheidung zwischen Dem-Was-Weiss, und Dem-Was-Man-Weiss, zwischen Dem-Was-Denkt, und Dem-Was-Gedacht-Wird.

Das eine ist das Subjekt, der Denker, das andere das Objekt, der Gedanke. Das "ICH BIN ICH" ist die Substanz oder das Subjekt des Bewusstseins und ist nicht identisch mit irgendeiner bekannten Gedanken-Phase, irgendeinem bekannten Gedanken-Aspekt oder - Modus.

Schliesslich werden Sie feststellen, dass, nachdem sie alle mental abstrahierten "Denkens-Zustände" im Prozess der Selbstanalyse beiseitegelegt haben, immer noch etwas übrigbleibt, was konstant, unverändert, unbeeinträchtigt, permanent und gleichbleibend ist – das "ICH BIN ICH" oder Meister-Selbst. Dieser Schritt oder diese Stufe der totalen Abstraktion von den "Denkens-Zuständen" wird, im Fall des gewöhnlichen Individuums, nur durch den Gebrauch der Imagination erreicht.

Es gibt zwar gewisse Individuen, einige orientalische Asketen und Mystiker zum Beispiel, die absichtlich ihren Verstand so trainiert haben, dass sie einen Zustand absoluter Ruhe und Freiheit vom Einfluss des Gedankenstroms erlangen können; aber ein solches Training wird dem gewöhnlichen Menschen nicht empfohlen, da es keinen praktischen Vorteil hat; sondern eher zu der Kategorie der abnormalen Psychologie gehört. Es gibt keinen Vorteil, den man gewinnen könnte, wenn man den Zustand erreicht, in dem man "an nichts denkt", obwohl es bemerkenswert ist, dass solche mentalen Zustände von denjenigen erzeugt werden können, die gewillt sind, sich einer gewissen rigiden und anstrengenden Schulung der Aufmerksamkeitskraft zu unterziehen.

Durch die Verwendung Ihrer Vorstellungskraft, können Sie sich jedoch leicht vorstellen, wie Sie immun gegen die Eindrücke von der Aussenwelt sind (wie im Fall eines Menschen, dessen Sinnesorgane inaktiv sind), und wie Sie die Berichte des Gedächtnisses abgeschaltet oder gesperrt haben. Wären Ihre Sinneseindrücke vorübergehend gesperrt, dann würden Sie keine neues "Gedankenrohmaterial" erhalten; und wenn auch Ihr Gedächtnis vorübergehend gesperrt wäre, dann wäre Ihr Mind eine absolute Leere, ohne jeglichen anderen Bericht des Bewusstseins als der des Selbstbewusstseins. Aber trotzdem würde es immer noch den Bericht des Selbstbewusstseins geben – den Bericht von Ihrer eigenen Existenz, "hier und jetzt" – von dem Sie sich selbst dann nicht veräussern konnten, als Sie bei Bewusstsein waren.

Was ist dann dieser Bericht des Selbstbewusstseins, der sich weigert unterbunden zu werden, und trotz Unterbindung der Sinneswahrnehmungen und der Berichte der Erinnerung weiterbesteht? Die Antwort wird durch die Definition des Begriffs "Selbst-Bewusstsein" suggeriert, nämlich: "Das Bewusstsein von sich selbst als existent und im Sein". Mit vorübergehend gesperrten oder ausgeschalteten Eindrücken der Aussenwelt, und auch Berichten des Gedächtnisses, würde Ihr Bewusstsein auf diesen fundamentalen, essenziellen und ultimativen Bericht zurückgedrängt werden: "ICH BIN ICH".

Bemerkenswert ist hier, dass diejenigen, die die Methoden der totalen Abstraktion von den "Denkens-Zuständen" kultiviert haben (die orientalischen Asketen zum Beispiel), berichten, dass sie selbst im Zustand der grösstmöglichen Abstraktion und Distanz noch den Bericht der Existenz und des Seins finden, das Bewusstsein von "ICH BIN ICH", beharrend, obwohl das Bewusstsein der Details der Persönlichkeit mit dem Rest der "Nicht – Ich" Bewusstseinszustände abstrahiert wurde. Es scheint, dass der Mensch, so sehr er es auch versucht, dem "ICH BIN ICH" Bewusstsein niemals entkommen kann, solange er überhaupt bei Bewusstsein ist – es ist etwas, wovon er sich nicht abstrahieren kann und etwas, das er nicht von seinem Bewusstsein absondern kann.

Aber, wie gesagt, es wird Ihnen nicht geraten, mit der Produktion anormaler psychischer Zustände zu experimentieren, um sich selbst zu beweisen, dass es möglich ist, die "Denkens-Zustände" absolut zu verhindern und so das "ICH BIN ICH" Bewusstsein zu entdecken, wie es hell in einer mentalen Welt leuchtet, die sonst ohne jegliches Licht des Bewusstseins ist; in der Tat wird davon abgeraten, solchen extremen Experimenten zu frönen. Alles, was wir von Ihnen wünschen, ist, Ihre Vorstellungskraft voll zu nutzen und dabei zu entdecken, dass es Ihnen möglich ist, sich einen solchen Zustand mental vorzustellen – um zu erkennen, dass ein solcher mentaler Zustand möglich ist – dies reicht für den Zweck, der Ihnen in dieser Anleitung vorliegt.

Wir möchten, dass Sie vollständig erkennen, dass im Zentrum Ihres Seins – im Zentrum Ihrer "denkenden Zustände" sowie Ihrer "Gefühlszustände" – etwas existiert, das unausweichlich, unweigerlich und unfehlbar "ICH BIN ICH" berichtet, so lange wie sich selbst der geringste Schein des Bewusstseins bekundet. Dieses Etwas, das "ICH BIN ICH" meldet, ist das Meister-Selbst, welches Ihr wahres Selbst ist – SIE, in sich selbst, von sich selbst und durch sich selbst.

Dieses "ICH BIN ICH" oder Meister-Selbst ist das permanente Subjekt Ihrer Denkprozesse und Aktivitäten, und doch ist es ihnen überlegen und fähig, sich über sie zu erheben. Die "Denkens-Zustände" steigen und fallen, erscheinen und verschwinden, um von anderen gefolgt zu werden, die den gleichen Prozess von Erscheinung, Ausdruck und Verschwinden bekunden – aber das "ICH BIN ICH" oder Meister-Selbst bleibt konstant, permanent und beständig in all diesen Gedankenprozessen. Der Gedankenstrom kann vorbeifliessen, sich ständig verändernd, immer flüchtig, immer werdend, niemals auch nur für zwei aufeinanderfolgende Momente derselbe; aber der Denker an den Ufern des Stromes bleibt immer das gleiche, identische "ICH BIN ICH" oder Meister-Selbst – nicht eine Prozession von "Ichs", noch eine Reihe sich verändernder "Ichs", sondern immer das gleiche identische "Ich", konstant, unverändert, unbeeinträchtigt.

Die Lektion in dieser vierten Stufe der Selbstanalyse ist die: Dass die "Denkens-Zustände" in all ihren Phasen, Formen, Aspekten, Modi oder Bekundungen ihrer Aktivitäten und Prozesse nicht SIE sind – das "ICH BIN ICH" oder Meister-Selbst – sondern nur etwas sind, das zu Ihnen gehört und von IHNEN benutzt wird. Was auch immer Ihr Meister-Selbst sonst sein mag oder nicht sein mag, es sind sicherlich nicht Ihre "Denkens-Zustände", weder in ihren Teilen noch in ihrer Gesamtheit.

Die fünfte Stufe Ihrer Selbstanalyse ist die, in welcher Sie Ihr "ICH BIN ICH" oder Meister-Selbst, von dem Teil Ihres mentalen Wesens abstrahieren, das mit dem Begriff "Willen" bezeichnet wird, das heisst, die Kraft, mittels derer Sie mentale oder physische Handlungen ausführen. Der Wille hat immer etwas mit Handlung zu tun mentale oder physische: der Willens-Prozess ist nur vollständig, wenn er sich in Richtung mentaler oder physischer Handlung bekundet. Der Wille wird durch Verlangen zur Manifestation gebracht, welches wiederum aus Gefühl oder Emotion entsteht: Er geht immer in Richtung einer Idee, die ein Gefühl, eine Emotion oder das Verlangen geweckt hat. Verlangen ist das verbindende Glied zwischen Gefühl und Wille.

Das, was wir "den Willen" nennen, ist dem "ICH BIN ICH" oder Meister-Selbst viel näher, als es die "Gefühlszustände" oder die "Denkens-Zustände" sind. Er liegt IHNEN näher als beide – er hat einen derart vertrauten Charakter, dass es fast unmöglich ist, sich selbst in der Vorstellung davon zu trennen. Er ist der Körper des Kerns des Selbst, dessen Keim das "ICH BIN ICH" oder Meister-Selbst ist.

Bigelow sagt: "Empfindungen entstehen ausserhalb und innerhalb des Körpers; Emotionen entstehen im Körper; aber der Wille ist tiefer als beide, und beide sind ihm gegenüber objektiv. Wir können ihn nicht mit etwas anderem klassifizieren. Wir können ihn durch nichts anderes ändern; er selbst modifiziert alles in seinem Umfang. Wille ist die Durchsetzung einer Form des Bewusstseins von dem Zentrum nach aussen; wenn er von einer anderen Form des Bewusstseins vom Umfang nach innen entgegengesetzt ist, erkennen wir ein Hindernis für die freie Handlung des Willens." Barrett sagt: "Wir wissen wenig über den Willen. Wir wissen, dass wir Willen haben und dass wir wollen. Wir sind uns bewusst, dass Wollen nicht Denken oder sich etwas Vorstellen ist. Die meisten von uns wissen wenig mehr."

Einige Philosophen und Metaphysiker haben behauptet, dass Wille so innig und eng mit dem "ICH BIN ICH" oder Meister-Selbst verbunden ist, dass es unmöglich ist, sie zu entwirren. Aber die Praktische Psychologie hat entdeckt, dass sogar Wille, wie Gefühl und Denken, abstrahiert und vom "ICH BIN ICH" oder Meister-Selbst getrennt werden kann, um dort untersucht, analysiert und Experimenten unterzogen zu werden. So wird entdeckt, (1) dass der Wille in seinen Bekundungen und Prozessen unbeständig und veränderlich ist; (2) dass seine Prozesse als Objekte festgelegt werden können, die durch das "ICH BIN ICH" oder Meister-Selbst untersucht, beobachtet, analysiert und einem Experiment unterzogen werden können; (3) dass Sie das "ICH BIN ICH" oder Meister-Selbst als unverändert, unbeeinträchtigt und ungestört in seiner Gesamtheit existierend – identisch und konstant – erfassen können, selbst wenn die Willens-Zustände davon abstrahiert wurden. Diese Prozesse können mit den Willens-Zuständen ebenso wie mit den "Gefühlszuständen" ausgeführt werden.

Sie wissen aus Erfahrung, dass es verschiedene Grade von Willen gibt, die sich zu verschiedenen Zeiten manifestieren; dass Ihre Willens-Zustände zu verschiedenen Zeiten variieren; dass sie sich verändern, sich wandeln und von sich verändernden Gefühlen, Emotionen und Ideen betroffen sind. Sie wissen aus Erfahrung, dass Sie, indem Sie bewusst die Kraft Ihres emotionalen Gefühls erhöhen, das Feuer der Emotion anfachen können, um die Versorgung und Kraft des Dampfes des Willens zu erhöhen. Sie wissen aus Erfahrung, dass Sie, indem Sie die Aufmerksamkeit bewusst auf bestimmte Ideen oder Objekte lenken und halten, den Willen veranlassen können, sich auf solche Ideen oder Objekte zuzubewegen. Sie wissen aus Erfahrung, dass Sie Willenskraft bewusst und systematisch entwickeln, trainieren und kultivieren können, um ihre Effektivität enorm zu steigern. Kurz, Sie wissen durch tatsächliche Erfahrung, dass es hinter dem Willen einen "Woller" gibt und dass der Wille nur ein Instrument und eine Maschine ist, die von diesem "Woller" betrieben werden.

Dieser "Woller" – dieser Direktor und Meister des Willens – kann nichts anderes sein als das "ICH BIN ICH" oder Meister-Selbst. Es gibt nichts anderes, welches der "Woller" sein könnte – und nichts anderes, das den Willen, den grossen Beweger der anderen mentalen Zustände und Bedingungen kontrollieren und lenken könnte.

Die Lektion in dieser fünften Phase der Selbstanalyse ist die: dass der Wille, in allen seinen Phasen, Formen, Aspekten, Modi oder Bekundung seiner Aktivitäten und Prozesse, nicht SIE selbst sind, sondern nur etwas, das "zu Ihnen gehört" und von IHNEN benutzt werden kann. Was auch immer Ihr Meister-Selbst sonst sein mag oder nicht sein mag, es ist sicherlich nicht Ihr Wille, weder in seinen Teilen noch in seiner Gesamtheit.

IV BEWUSSTE EGOITÄT

Es gibt sieben Bewusstseinsstufen, wie sie von den grossen Meistern der Wissenschaft des Seins gelehrt werden. Fünf dieser Stufen haben wir gerade betrachtet, nämlich die jeweiligen Stufen des (1) Bewusstseins der separaten Existenz – der Existenz als eine separate und eindeutige Individualität; des (2) Bewusstseins des Eigentums und der Kontrolle des Instruments und der Maschinerie des physischen Körpers; des (3) Bewusstseins des Eigentums und der Kontrolle des Instruments und der Maschinerie der Emotionen; des (4) Bewusstseins des Eigentums und der Kontrolle des Instruments und der Maschinerie des Denkens; des (5) Bewusstseins des Eigentums und der Kontrolle des Instruments und der Maschinerie des Willens. Es gibt noch zwei andere und höhere Bewusstseinsstufen, die noch berücksichtigt werden müssen.

In Ihrer Betrachtung des physischen Körpers, der Emotions-Zustände, der Denkens-Zustände, beziehungsweise der Willens-Zustände, war es Ihnen möglich, Ihr Bewusstsein jedes dieser Instrumente von dem Bewusstsein Ihres "ICH BIN ICH" oder Meister-Selbst zu abstrahieren. Jeder einzelne dieser Prozesse der Selbstanalyse hat Ihnen "hier und jetzt" die Existenz dieses "ICH BIN ICH" oder Meister-Selbst entdeckt und belassen, unabhängig von den verschiedenen Instrumenten und Elementen der Maschinerie, die es besitzt und benutzt. Im Zentrum von jedem derselben – sogar im Zentrum des Willens – haben Sie Ihr "ICH BIN ICH" in fester, konstanter und identischer Präsenz und Kraft, durch alle Veränderungen der Aktivitäten und Prozesse der Instrumente und Maschinerie seiner Äusserung und Bekundung hindurch gefunden.

Aber in der sechsten Stufe der Selbstanalyse, werden Sie feststellen, dass Sie nicht in der Lage sind, sich von einer bestimmten Art des Bewusstseins, dem "ICH BIN ICH" oder Meister-Selbst zu abstrahieren. Sie werden nicht in der Lage sein es abzusondern, zu untersuchen, zu analysieren, damit zu experimentieren und diese Form des Bewusstseins von Ihrem wahren Selbst, oder "ICH BIN ICH" loszulösen, versuchen Sie es, wenn sie mögen. Sie werden sehen, dass Sie dort das Stadium der Realität erreicht haben werden – die ultimative Tatsache und das Wesen in Ihnen selbst. Dies ist eine sehr wichtige Phase Ihrer Selbstanalyse – Ihrer Suche nach dem "ICH BIN ICH" oder Meister-Selbst; daher sollten Sie sich vorsichtig an sie herantasten und Ihre Untersuchung mit Ernsthaftigkeit und Gewissenhaftigkeit durchführen.

Die sechste Etappe Ihrer Selbstanalyse ist bekannt als das ultimative Selbst-Bewusstsein. Zunächst sollten Sie klar verstehen, was wir, mit der Verwendung dieses Begriffs "Selbst-Bewusstsein", genau meinen, und ebenso was wir genau nicht meinen. Im allgemeinen Sprachgebrauch bedeutet der Begriff "ein unangenehmer und abnormaler Zustand des Bewusstseins oder des Gewahrwerdens des eigenen Selbst als ein Objekt der Beobachtung durch andere." Der psychologische Gebrauch ist jedoch ganz anders: Er zeigt jenen Bewusstseinszustand an, in dem das "ICH BIN ICH" seiner eigenen Existenz als Tatsächliche Entität, "hier und jetzt" zu sein, voll, leidenschaftlich und positiv bewusst ist. Aus diesem Zustand des Bewusstseins heraus behauptet das Individuum positiv und mit Überzeugung: "ICH BIN ICH, hier und jetzt!"

Vergleichsweise sehr wenige Individuen erfahren den vollen Grad dieser Bewusstseinsstufe. Viele sagen natürlich "ICH BIN ICH" und unterscheiden sich dadurch von anderen – dies ist jedoch nur die erste Stufe des Bewusstseins, nicht die sechste. Nur wenige gehen weiter in ihrer Realisierung des Selbst-Bewusstseins.

Viele sind unfähig, im Bewusstsein zwischen dem "ICH BIN ICH" und dem physischen Körper zu unterscheiden. Noch weniger sind diejenigen, die zwischen dem "ICH BIN ICH" und den "Gefühlszuständen" unterscheiden können; und noch weniger sind diejenigen, die erkennen können, dass das "ICH BIN ICH" die "Denkens-Zustände" übersteigt. Sehr selten und in der Tat dünn gesät, sind diejenigen, die in der Lage sind, zwischen dem Bewusstsein der Willens-Zustände und dem Bewusstsein des "ICH BIN ICH" zu unterscheiden. Die grossen Massen der Menschheit denken von dem "Selbst" als ein Aggregat oder eine Zusammensetzung von Geist und Körper, Gefühlen, Emotionen,

Gedanken, Willensaktivitäten usw. und erhaschen selten, wenn überhaupt je, einen Einblick in die essenzielle und ultimative Selbstheit des "ICH BIN ICH" oder Meister-Selbst – das wahre Selbst.

Aber bei den grossen Individuen der Menschheit – denjenigen, die sich von den Massen "abheben" – wird in der Regel festgestellt werden, dass sie sich zu einem ziemlich vollen Zustand des Selbst-Bewusstseins entwickelt haben; und dementsprechend werden sie jenen Sinn der Persönlichen Kraft erfahren haben, der mit dieser Anerkennung des "ICH BIN ICH", Meister-Selbst, Wirklichen Selbst einhergeht. Nachdem sie ihm einmal zugekommen ist, hinterlässt diese erleuchtende Erfahrung das Individuum gewandelt und verändert: Er ist nie wieder derselbe Mensch. Es öffnet sich ihm eine neue Welt. Ein neuer und positiver Sinn für die Realität seines essenziellen Wesens hat sich ihm eingeprägt. Es kommt zu vielen als ein Erwachen aus einem unruhigen Schlaf oder Traumzustand – die dämmernde Erkenntnis, dass "ICH BIN ICH", trotz der Traumillusion. In dieser Dämmerung der Realisierung des Ultimativen Selbst-Bewusstseins, "findet sich" das Individuum endlich.

Ein alter englischer Schriftsteller hat einmal gesagt: "Ob wir es vermeiden wollen oder nicht, wir müssen uns dieser Realität irgendwann stellen – dieser Realität unserer eigenen Egoität – das, was uns dazu bringt, 'Ich' zu sagen und mit dem 'Ich'-Sagen, zur Entdeckung einer neuen Welt." Ein führender amerikanischer Psychologe hat gesagt: "Selbst-Bewusstsein ist ein Wachstum. Viele Menschen haben nie mehr als eine neblige Vorstellung von einer solchen Geisteshaltung. Sie nehmen sich immer für selbstverständlich und richten den Blick niemals nach innen. "

Die Dämmerung des Selbst-Bewusstseins im Individuum – das Erwachen aus dem Traum des einfachen Bewusstseins – wird von einer neuen Achtsamkeit und einem neuen Bewusstsein der Realität und der tatsächlichen Existenz begleitet; tatsächlich wird dieses neue Bewusstsein der Gewissheit der realen und tatsächlichen Existenz so stark, dass im Vergleich dazu alle anderen Formen der bewussten Existenz in vergleichsmässiger Bedeutungslosigkeit verschwinden. Dieses Bewusstsein, wenn es einmal fest etabliert ist, dient als ein Turm der

Stärke für das Individuum, in dem es Zuflucht nehmen kann, um dann den widrigen Bedingungen der äusseren Welt der Gedanken und Dinge zu trotzen.

Nach dem Sie danach verfahren sind, den physischen Körper, die Emotions-Zustände, die Denkens-Zustände, und die Willens-Zustände der Reihe nach zu abstrahieren, hat Sie der Prozess der Selbstanalyse nun an den Punkt gebracht, an welchem Sie, zum Zweck der möglichen Abstraktion, ausser dem Selbst-Bewusstsein der Existenz des "ICH BIN ICH" oder Meister Selbst – des wahren Selbst, nichts mehr zu analysieren haben. Wenn Sie sich aber dem Unterfangen stellen, dieses ultimative Element der Selbstheit einem solchen Prozess zu unterziehen, entdecken Sie, dass eine weitere Analyse, Abstraktion, Vereinfachung und Reduktion unmöglich ist – Sie haben etwas Ultimatives erreicht, das jeder weiteren Analyse, Vereinfachung oder Trennung in seine Einzelteile, Elemente oder Faktoren standhält. Es ist das irreduzible Element – das insoluble Residuum – der Selbstheit: es ist Egoität selbst, in ihrer finalen Essenz und ihrem finalen Prinzip.

Sie haben entdeckt, dass dieses "ICH BIN ICH" oder Meister-Selbst keinen Veränderungen, Wandlungen oder Modifikationen unterliegt. Es unterliegt nicht dem Werden, denn es ist reines Sein, immer identisch mit sich selbst, immer konstant, immer dasselbe. Es fliesst nicht und ist auch nicht im Fluss. Es wird niemals transformiert, noch wird es umgewandelt. Es ändert nicht die Form, denn es hat keine Form. Es offenbart keinen Rang, denn es ist absolut in seiner Natur und seinem Sein. Es nimmt keine Aspekte, Modi oder Erscheinungsbedingungen an. Es ist immer sich selbst, sein ganzes Selbst und nichts als sich selbst. In dieser Hinsicht unterscheidet es sich völlig von allen seinen mentalen oder physischen Instrumenten oder Maschinerien. Es ist weder ein Instrument noch ein Teil der Maschinerie – es ist das, was die Instrumente und die Maschinerie des mentalen und physischen Ausdrucks und Bekundung besitzt und benutzt.

Ihre Experimente werden Ihnen schlüssig zeigen, dass Sie dieses "ICH BIN ICH" oder Meister-Selbst nicht zum Zweck der Beobachtung oder des Experiments absondern oder abstrahieren können, wie Sie es mit den physischen und mentalen Instrumenten oder Maschinerie, die zu ihm gehören, tun können. Sie können aus ihm niemals ein Objekt machen, das von Ihrem subjektiven Beobachter untersucht oder beobachtet wird. Probieren Sie das Experiment aus! Sie werden dann feststellen, dass, wenn Sie das "ICH BIN ICH" am objektiven Ende Ihres Mikroskops der Beachtung platzieren, es kein subjektives "ICH BIN ICH" mehr geben wird, um die Untersuchung am anderen Ende des Instruments durchzuführen. Wenn Sie das "ICH BIN ICH" am subjektiven oder beobachtenden Ende des Instruments platzieren, dann wird es ebenso kein objektives "ICH BIN ICH" am anderen Ende geben, das bereit ist, betrachtet zu werden.

So wie das Auge alles ausserhalb seiner selbst sieht, sich aber niemals selbst sehen kann, so kann das "ICH BIN ICH" alles ausserhalb seines essenziellen Selbst beobachten und untersuchen, aber niemals sein essenzielles Selbst beobachten und untersuchen. Hier finden Sie etwas, in welchem Subjekt und Objekt untrennbar verbunden und kombiniert sind. Hier finden Sie tatsächlich den hypothetischen "Stab mit nur einem Ende" der alten Metaphysiker. Hier finden Sie etwas, das immer "subjektiv" ist, und niemals "objektiv" – etwas, was ganz "innen" ist, ohne irgendeinen "äusseren" Aspekt oder Anteil.

Auch wenn Sie versuchen, es beiseite zu legen, so wie Sie es mit Ihren mentalen und physischen Instrumenten und Maschinerien gemacht haben, werden Sie feststellen, dass Sie nichts von der Selbstheit übrighaben – nichts, um immer noch "ICH BIN ICH" zu behaupten. Sie können es nicht einmal wegdenken, oder es sich als nicht-sein vorstellen, versuchen Sie es, wenn Sie wollen. Wenn Sie versuchen, an eine Welt zu denken, in der dieses "ICH BIN ICH" nicht existiert, und dann fortfahren, diese "Ich"-lose Welt zu untersuchen, werden Sie feststellen, dass es das "ICH BIN ICH" selbst ist, welches die Prüfung vollzieht. Wenn Sie versuchen, es durch eine metaphysische Zweideutigkeit oder subtile Spitzfindigkeit loszuwerden, werden Sie irgendwann entdecken, dass das "ICH BIN ICH" noch da ist, "versteckt hinter einer freundlichen metaphysischen Wolke, vorsichtig hervorlugend und neugierig darauf, wie die Welt ohne es zurechtkommt." Werfen Sie das "ICH BIN ICH" aus der Tür Ihres Bewusstseins, und es wird wieder durch das Fenster hereinkommen; schliessen Sie die Fenster und Türen vor ihm, und es wird durch den Schornstein herabsteigen – es wird sich auf die eine oder andere Weise Zugang verschaffen.

Auch wenn Sie sich in der Imagination vorstellen, dass Sie viele verschiedene Körper nacheinander einnehmen, jeder mit seinem eigenen Gefühls-, Gedanken- und Willenscharakter, werden Sie dennoch immer feststellen, dass es das gleiche identische "ICH BIN ICH" ist, das die Rolle des Insassen spielt. Oder, obwohl Sie sich vielleicht in die Rolle des Königs von England, des Erzbischofs von Canterbury, oder des Präsidenten der Vereinigten Staaten versetzen, finden Sie sich doch immer in diesen verschiedenen Rollen wieder – zuletzt werden Sie erkennen, dass Sie, das "Selbe alte Ich", der wahre Schauspieler sind, der die verschiedenen Rollen unter den verschiedenen Masken und mit verschiedenen Kostümen gekleidet spielt. Sie können Charaktere, Gewänder und Rollen ändern – aber Sie können niemals "Ichs" ändern. Sie sind SIE und können niemals nicht-SIE sein.

Die Entfaltung des Ultimativen Selbst-Bewusstseins – der Bewussten Egoität – wird Ihnen die Erkenntnis bringen, dass Sie ein fokussiertes Zentrum der Kraft im Kosmos sind – ein Zentrum Realer Kraft und des Realen Seins. Sie werden allmählich erkennen, dass SIE ein Zentrum im Kosmos sind, so wie die Sonne ein Zentrum ist, um welches viele Gegenstände herumwirbeln oder daran vorbeifliessen.

Die okkulten Lehrer der alten Zeiten erinnerten jeden ihrer Schüler daran, dass er selbst "ein Zentrum im Kosmos sei; denn im Kosmos ist der Umkreis nirgendwo (weil der Kosmos unendlich ist), und infolgedessen ist das Zentrum überall." Deshalb wurde der Schüler sich selbst vorgestellt und sah sich selbst als ein fokussiertes Zentrum der Kraft und des Seins – als zentraler Dreh- und Angelpunkt des Kosmos – welcher von allem umkreist wird. Korrekt verstanden und interpretiert, ist diese Aussage die Wahrheit: für jedes Individuum ist das "ICH BIN ICH" in der

Tat das grundlegende Zentrum seines eigenen Universums, während sich der ganze Rest um ihn dreht oder vor ihm vorbeimarschiert.

Denken Sie niemals, dass diese Realisierung der Bewussten Egoität – dieses "ICH BIN ICH" Bewusstseins – Sie für die Pflichten, Aufgaben und die Arbeit des praktischen Alltags untauglich machen wird. Im Gegenteil, es wird Sie in jeder Phase des praktischen Lebens um ein Vielfaches effizienter machen. Wenn Sie die Natur Ihres wirklichen Wesens und Ihre Beziehungen zu Ihren mentalen und physischen Instrumenten und Maschinerien erkennen, werden Sie nicht mehr in ihren Bewegungen gefangen sein, wie ein Mensch in der Maschinerie, die er betreibt, gefangen sein kann; stattdessen werden Sie in der Lage sein, sich loszulösen, so dass Sie die Maschinerie mit mehr Geschick, Effizienz und Kraft bedienen können.

Die Bewusste Egoität wird das schlammige Wasser Ihrer Mentalität kristallklar werden lassen, um das Licht jenes brillanten Sterns des "ICH BIN ICH", der oben mit einer unaussprechlichen Heftigkeit, Klarheit und Standhaftigkeit scheint, besser zu reflektieren. Der pragmatischste aller Menschen ist der Mensch, der die Realitäten seiner eigenen Natur, seines Wesens und den Charakter seiner Beziehungen zu seinen mentalen und physischen Bekundungs- und Ausdrucksmitteln erkennt. Wenn Sie die Natur Ihrer Kraft verstehen; wenn Sie das bewusste Gefühl dieser Kraft erkennen; dann werden Sie in der Lage sein, diese Kraft in einem grossartigen Ausmass und mit einer Exzellenz auszudrücken und zu manifestieren, die sonst unmöglich für Sie wäre. Eine solche Erkenntnis wird Sie zu einem besseren Geschäftsmann, einem besseren Ingenieur, einem besseren Anwalt, einem besseren Arzt, einem besseren Krankenpfleger machen; sie wird Ihnen ermöglichen, einen höheren Punkt in Ihrem Lebenswerk zu erreichen, und eine höhere Vergütung für Ihre Dienstleistungen zu erhalten, als es ohne sie möglich wäre.

Kultivieren Sie die Wahrnehmung und Realisierung der Bewussten Egoität. Versuchen Sie, sie durch Gedanken, Gefühle, Vorstellungskraft zu entwickeln – benutzen Sie alle Ihre mentalen Kräfte zu diesem Zweck – setzen Sie jedes verfügbare Instrument ein, um IHR SELBST, Ihr reales

Selbst, zu entdecken. Behaupten und bekräftigen Sie Ihr wahres Sein, indem Sie sagen, denken und handeln "ICH BIN ICH". Es ist Magie in diesen Worten. Ihre Schwingungen werden, jedes Atom Ihrer selbst in Bewegung setzen, und sie werden die Bekundung in Ihren Ohren widerhallen lassen. In Stunden der Not werden Sie in der Bekräftigung einen Turm der Stärke finden. In Momenten der Schwäche wird sie Ihren versiegenden Mut und Ihre schwindende Entschlossenheit wiederbeleben. Sie wird als Kraftwerk dienen, aus dem Sie Ströme der Kraft und Energie hervorbringen können; es wird als ein grosser Magnet dienen, der die Dinge, Personen und Umstände, die Sie in Ihren Lebensaufgaben brauchen werden, zu Ihnen ziehen wird. Verwenden Sie die Weisse Magie der "ICH BIN ICH" Bestätigung.

Indem wir mit unseren Anweisungen fortfahren, werden Sie erkennen, dass dieses "ICH BIN ICH" noch grossartiger und grandioser ist, als wir es jetzt darlegen. Es ist ein fokussiertes Zentrum von etwas unendlich Grösserem – der Berührungspunkt zwischen dem Universellen und dem Besonderen, dem Unbegreiflichen und dem Manifesten, dem Unerschaffenen und dem Erschaffenen, dem Unendlichen und dem Endlichen. SIE sind viel grösser als Sie ahnen. Wenn Sie sagen "ICH BIN ICH", äussern Sie eine gewaltige Aussage über die Wahrheit, deren volle Bedeutung Sie derzeit nur schwach erahnen können. Das Individuum, das von sich sagen kann "ICH BIN ICH", mit voller Erkenntnis im Denken und mit vollständig realisierendem Gefühl, hat in sich eine Lampe entfacht, die niemals durch die Winde des Unglücks oder den Regen der Umstände ausgelöscht werden kann. Ein Solcher ist auf dem Weg zur Meisterschaft!

Die siebte Stufe Ihrer Selbstanalyse – die Stufe, mit welcher Sie fortfahren, nachdem Sie die ultimative Natur des "ICH BIN ICH" oder Meister-Selbst entdeckt haben – ist das, was als die Stufe des "Bewusstseins der KRAFT" bekannt ist. Während Sie in dieser Bewusstseinsstufe, felsenfest und mit Zweifel-trotzender Überzeugung an der Anerkennung und Verwirklichung des "ICH BIN ICH" als die ultimative und wesentliche Basis und die Grundlage Ihres individuellen

Wesens festhalten, sind Sie dennoch intuitiv der Existenz einer zugrundeliegenden Realität bewusst, mit welcher Ihr "ICH BIN ICH auf eine intime und essenzielle Art und Weise, vereint, verbunden und koordiniert ist.

Wenn dieses Bewusstsein durch die richtigen Methoden erweckt wird, werden Sie sich dieser intimen Beziehung genauso bewusst, wie Sie sich der Existenz Ihres "ICH BIN ICH" oder Meister-Selbst bewusst sind. In der Tat scheinen die beiden Bewusstseinsphasen allmählich zu verschmelzen und sich in Ihrer höheren Wahrnehmung der Realität zu vereinigen. Selbst wenn der Intellekt noch nicht in der Lage ist, "das Puzzle zu entwirren" oder "das Rätsel zu lösen", werden die intuitiven Fähigkeiten berichten, dass "es dennoch wahr ist".

In den folgenden Abschnitten dieses Buches werden wir den Weg aufzeigen, durch welchen der Intellekt sich logisch den Fakten, die diese höchste Wahrheit betreffen, nähern kann; vorläufig wollen wir nur die allgemeine Natur des Themas andeuten und möglicherweise veranlassen, dass sich Ihre Intuition entfaltet, um die volle Stärke der Sonnenstrahlen der Wahrheit, die darauf auftreffen, zu empfangen.

Auf der Stufe des BEWUSSTSEINS DER KRAFT werden Sie wissen, dass Ihr "ICH BIN ICH", Ihr Meister-Selbst, Ihr Reales-Selbst nicht nur ein wirkliches Zentrum der Kraft im Kosmos ist: Sie werden wissen, dass hinter, unter und um dieses "ICH BIN ICH" oder Reale Selbst herum das grossartige Ultimative Prinzip der KRAFT selbst ist; dass das "ICH BIN ICH" in tatsächlichem Kontakt mit dieser KRAFT steht – und dass die rhythmischen Schwingungen der KRAFT zumindest schwach zu erkennen sind, während sie durch Ihr Sein pulsieren und pochen.

Wenn Sie das spüren, wird alle Angst von Ihnen abfallen und ein neuer und seltsamer Mut wird Sie in Besitz nehmen: Sie werden danach furchtlos und zuversichtlich zum Grossen Abenteuer des Lebens fortschreiten. Sie werden in die bewusste Erkenntnis eintreten, dass KRAFT – Alle-Kraft-Die-Es-Gibt – hinter Ihnen steht und Sie unterstützt. Sie werden in die bewusste Erkenntnis eintreten, dass Sie in der grossen

Substanz und Stärke der KRAFT leben, sich bewegen und sind. Mit dem Anbruch dieses Bewusstseins werden Sie in aller Wahrheit "wiedergeboren" sein.

Es stimmt zwar, dass vergleichsweise wenige Individuen dieses Bewusstsein tatsächlich in vollem Umfang wahrnehmen, dennoch ist es wahr, dass viele es zumindest in einem gewissen Grad wahrnehmen; alle können sich allmählich darin entfalten, wenn sie wollen, wenn sie nur ihre Aufmerksamkeit in diese Richtung lenken. Die Männer und Frauen, die in der Welt des täglichen Lebens "Dinge getan haben", könnten, wenn sie offen und frei zur Veröffentlichung sprechen würden, der Welt das Zeugnis geben, dass ihnen irgendwann in ihrem Leben ein seltsames, wunderbares und mysteriöses Gefühl des tatsächlichen Kontakts mit, und Beziehung zu, einem grossen Etwas, dessen Wesen als Stärke oder Kraft empfunden wurde, zugekommen war. So stark die Berichte der verschiedenen Individuen, die dieses Phänomen bezeugt haben, auch variierend, finden wir eine allgemeine und generelle Übereinstimmung über die Tatsache, dass es einen "tatsächlichen Kontakt mit, und eine enge Beziehung zu, etwas Unendlich Mächtigem und Starkem" gab. Es gibt immer das Bewusstsein der immanenten Gegenwärtigkeit und der Kraft und Stärke.

Diese Individuen haben sich diese Erfahrungen auf viele Arten interpretiert, wobei jeder sie nach seiner bisherigen Glaubensneigung oder allgemeinen Lebensphilosophie einfärbte. Einigen präsentierte es sich von religiöser Natur und Farbe – als ob das Höchste Wesen, oder zumindest einer seiner Erzengel in der Nähe schwebte, über sie nachsann, und einen Teil seiner unendlichen Kraft auf sie reflektierte. Viele erfolgreiche Menschen haben dieses seltsame Phänomen erlebt und wurden getröstet von der Überzeugung, dass sie Gott "auf ihrer Seite" hätten, oder dass Gott "in ihnen und durch sie wirkte". Einer der reichsten Männer unserer Zeit hat wiederholt Aussagen gemacht, die diese Idee zumindest implizit ausdrücken; und viele der kleineren Lichter der Erfolgswelt haben ähnliche Erfahrungen und daraus folgende Überzeugungen gemacht.

Andere haben die Erfahrung der Anwesenheit und Hilfe einer freundlichen, wohltätigen Entität oder übernatürlichen Persönlichkeit zugeschrieben – einem freundlichen "Geist" von "dem anderen Ufer". Andere haben es als einen Hinweis auf die Gegenwart und Kraft einer freundlichen Vorsehung oder eines freundlichen Schicksals gefühlt oder als der Einfluss eines wohltätigen "Sterns". Napoleons Glaube an seinen "Stern" und der Einfluss, den er über viele Jahre seines schnellen Aufstiegs auf ihn ausübte, soll aus einer Erfahrung dieser Art stammen, die ihm an der Brücke von Lodi erschien. Er war in Bezug auf die tatsächliche Erfahrung zurückhaltend; aber er sprach oft frei von seinem Stern des Schicksals, manchmal ging er so weit, auf den bestimmten Stern hinzudeuten, von dem er glaubte, dass er ihn bevorzugte.

Andere versuchen nicht, die Erfahrung zu erklären, nicht einmal sich selbst; sie geben sich damit zufrieden, sie als "jenes Etwas" zu betrachten, dessen Gegenwart und Stärke sie empfunden haben – das daraus resultierende Gefühl der Macht, das sie nach dessen Besuch erfahren haben. Viele andere konnten diese seltsamen Erfahrungen der Berührung mit der KRAFT und die daraus resultierende bemerkenswerte Zunahme von Stärke und Kraft bezeugen, die danach in sie und durch sie floss; die Erfahrung ist jedoch von solch intimer Natur und wird wahrscheinlich von anderen als "zweifelhaft" angesehen, dass die meisten dieser Individuen nur wenig oder nichts zu sagen haben. Folgendes kann als Regel angegeben werden: Je erfolgreicher das Individuum gewesen ist – je höher es in seinem besonderen Betätigungsfeld war, desto grösser ist die Wahrscheinlichkeit, dass es eine Erfahrung gemacht hat, die der eben genannten entspricht.

Es mag einige geben, die das Obige als "unnütz" und "fantastisch" kritisieren; aber solche Kritik wird wahrscheinlich nicht von jenen kommen, die ausserordentlich erfolgreich waren – die "Taten verrichtet haben" und bedeutende Leistungen vollbracht haben – und die sich auch gut an ihre frühen Erfahrungen erinnern können. Wiederholen Sie einem solchen Mann oder einer solchen Frau diese Aussage – beachten sie dann dieses eigentümliche, auf eine bezeichnende Weise hervorgebrachte, Lächeln und bemerken Sie den merkwürdigen Ausdruck, der über sein oder ihr Gesicht gehen wird, obschon eine direkte Antwort vermutlich vermieden wird.

Diese phänomenale Erfahrung ist weder "übernatürlich" noch "mystisch"; im Gegenteil, sie ist ganz natürlich und äusserst praktisch in ihrer Wirkung. Es bedeutet einfach, dass das Individuum, im Laufe seiner mentalen oder spirituellen Entwicklung, auf einer Stufe angelangt ist, auf welcher es im natürlichen Lauf der Dinge zu der KRAFT selbst "Verbindung aufnimmt" – dem Prinzip der KRAFT, das den Kosmos belebt, energetisiert und vitalisiert. Es wird sich des Kontakts und des daraus resultierenden Zuflusses der Kraft tatsächlich bewusst. In vielen Fällen – in der Tat in den meisten Fällen der Art – wenn dieser Kontakt einmal durchlebt wurde und gefestigt ist, findet das Individuum es danach vergleichsweise leicht, eine "Abkürzung" zur KRAFT zu machen, indem er sich dem Zustrom von Kraft und Stärke aus dem KRAFT-Prinzip öffnet.

Es ist das Phänomen der spirituellen Stromabnehmerstange (wie beim Trolleybus), die mit dem grossen Linienkabel der KRAFT in Kontakt kommt. Es ist das natürlichste und praktischste Ding der Welt. Wie gesagt, ist es in gewissem Masse von vielen der pragmatischsten Menschen der Welt durchlebt worden; und ein grosser Teil des darauffolgenden Erfolgs solcher Personen ist daraus entstanden – und viele von ihnen wissen, dass dies die Ursache ihres Erfolges und ihrer Macht ist. Ausserdem erkennen viele der weltweit pragmatischsten Individuen die Existenz dieser Phase der Naturphänomene, und streben danach den Kontakt dieser "spirituellen Stromabnehmerstange" zu bewerkstelligen. Es gibt mehr Nachfrage bezüglich dieser Dinge vonseiten solcher Individuen als es sich die grossen Volksmassen erträumen würden.

Dies ist nicht die Aussage einer "neuen Religion" oder einer seltsamen Philosophie oder eines sonderbaren "Ismus". Sie hat nichts mit "Supernaturalismus", "Spiritismus" oder irgendeiner anderen Lehre dieser Art zu tun. Es ist vielmehr die Aussage einer kalten, wissenschaftlichen Tatsache, oder einer Reihe von Tatsachen, die alle von jedem, der seine Vorurteile und seine Skepsis so lange beiseitelegt, bis er die Idee und den Plan mit Ernsthaftigkeit und in gutem Glauben, für eine angemessene Zeit, "ausprobieren" konnte, nachgewiesen werden können. Die Ergebnisse sind offen für eine jede Person, die sich in die richtige Geisteshaltung gegenüber den Tatsachen versetzt, und die vertrauensvoll und erwartungsvoll den Anbruch der Erfahrung und den Zustrom der Kraft aus dem Prinzip der KRAFT erwartet.

Es ist wahr, dass viele religiöse, halb-religiöse oder quasi-religiöse Sekten und Kulte – und viele neue populäre Schulen der Philosophie und Metaphysik – die allgemeinen und fundamentalen Prinzipien dieser grossen Wahrheit erkannt und angenommen haben; dieselben interpretiert haben, jede im Sinne ihres eigenen besonderen Glaubens oder ihrer eigenen Theorie; sie mit der Färbung, Tönung oder dem Anstrich ihrer besonderen Überzeugungen oder Dogmen eingefärbt haben; sie mit einer der vielen neuen und wunderbaren Titeln etikettiert haben; sie auf seltsame und oft verquere und bizarre Art und Weise dargelegt haben; aber die grundlegenden Tatsachen sind grösser als alle diese Versuche, sie in den Begriffen von Kulten, Sekten und Schulen zu interpretieren und zu erklären – zu gross, um von den Begrenzungen der Lehren und Dogmen, die um sie herum aufgebaut wurden, in dem Versuch, sie einzuschränken, in den Schatten gestellt zu werden. Es gibt kein Monopol für diese grosse Wahrheit – niemand kann auch nur Teileigentümerschaft geltend machen: obwohl viele Versuche in diese Richtung unternommen worden sind.

Diejenigen, die die intellektuelle Erkenntnis der Beziehung des "ICH BIN ICH" suchen werden (wie wir es in diesem Buch ausführen werden); und welche die Türen ihres Seins zur bewussten Verwirklichung der Verbindung mit der KRAFT, die denjenigen zukommt, die darauf warten und dafür bereit sind, öffnen werden; werden allmählich die Kraft und die Fähigkeit entfalten, die überlagerte Stärke und Energie der KRAFT, durch ihre mentalen und physischen Kanäle des Ausdrucks und der Bekundung, zu manifestieren. Sie sind eingeladen, dies selbst zu testen und es sich zu beweisen.

V KOSMISCHE KRAFT

In dem zweiten Kapitel dieses Buches, haben wir die beiden grundlegenden Postulate bekannt gegeben, auf welchen die in diesem Buch enthalten Lehren und Anleitungen basieren. Diese zwei grundlegenden Postulate, wollen wir hier wie folgt wiederholen: (1) Es existiert in Ihnen eine Meister-Selbst, Ego, "ICH", oder "ICH BIN ICH" Entität, welcher alle Ihre persönlichen Fähigkeiten, Kräfte und Aktivitäten untergeordnet sind; (2) Dieses Meister-Selbst (was auch immer es sein mag oder nicht sein mag), muss als ein fokussiertes Zentrum der Präsenz und der Kraft angesehen werden, welches durch die Ultimative Präsenz-Kraft, in ihrer Bekundung und Äusserung im Kosmos, bekundet und zum Ausdruck gebracht wird.

In den vorangegangenen Abschnitten haben wir Sie auf die Entdeckung des "Ich", des "ICH BIN ICH", des Egos, oder des Meister-Selbst verwiesen, welches das Zentrum Ihrer Selbstheit ist – Ihre Reales Selbst. Im letzten Abschnitt haben wir Ihre Aufmerksamkeit auf das "Bewusstsein der KRAFT" gerichtet, das heisst auf die bewusste Erkenntnis der Ultimativen Präsenz-Kraft, der Kosmischen KRAFT, deren "fokussiertes Zentrum" des Ausdrucks und der Bekundung das "ICH BIN ICH" oder Meister-Selbst ist. Wir bitten Sie nun zu betrachten, was der Verstand des Menschen, der in Richtung des logischen Denkens bis an seine Grenzen ausgeübt wird, unausweichlich, unweigerlich und unfehlbar über die Präsenz und das Sein des Prinzips der Kosmischen KRAFT berichtet.

Die Essenz dieses Berichts der menschlichen Vernunft, in Richtung des bis an seine Grenzen ausgeübten logischen Denkens, kann wie folgt festgestellt werden: Es existiert und ist ein Ewiges, Nicht Verursachtes, Selbstexistentes Prinzip der KRAFT zugegen, von dem alle Kraftbekundungen direkt oder indirekt ausgehen. Betrachten wir nun, wie und warum die menschliche Vernunft genötigt ist, diese Schlussfolgerung zu akzeptieren, die unausweichlich, unweigerlich und unfehlbar berichtet wird, wenn sie sich bis an die Grenzen des logischen Denkens ausdehnt.

Alles menschliche Denken, das sich entlang philosophischer Linien der Untersuchung und Schlussfolgerung zur Erkenntnis bezüglich ultimativer Prinzipien des Seins und der "ultimativen Ursache von Dingen" richtet, kommt schliesslich zu einem Punkt, an dem es gezwungen ist, die Gegenwart und das Sein eines Ultimativen Prinzips der Präsenz-Kraft zu postulieren, die dieser Bekundung, die wir als den Kosmos kennen, zugrunde liegt und sie unterstützt, das heisst, der Kosmos – das wahrgenommene Universum, welches nach "Gesetz und Ordnung" abläuft. Die Entdeckung dieses ultimativen Prinzips der Präsenz-Kraft ist das grosse Ziel und der Zweck, die Absicht und das Ende der Philosophie; und alle Schulen der Philosophie, Metaphysik und Theologie setzen ohne Frage die notwendige Existenz eines solchen Ultimativen Prinzips voraus, obwohl sie hinsichtlich seiner Natur oder seines Charakters äusserst verschiedene Ansichten hegen.

Die menschliche Vernunft ist zu dieser Schlussfolgerung hauptsächlich aufgrund der Tatsache gezwungen, dass sie die folgenden drei Axiome als notwendige und fundamentale Grundlagen des logischen Denkens anerkennt, nämlich: (1) dass die unbestrittene Präsenz und Bekundung von Koordination (das heisst des Zustands des gemeinsamen Handelns, der gemeinsamen Bewegung und der gemeinsamen Voraussetzungen; und gegenseitige Anpassung, Korrelation und Interdependenz) in allen Objekten, Formen und Aktivitäten des Kosmos, unausweichlich, unweigerlich und unfehlbar auf eine gemeinsame Quelle, einen gemeinsamen Ursprung und eine gemeinsame essenzielle Natur von allem sich im Kosmos befindlichen hinweisen. (2) Dass "nichts aus dem Nichts hervorgehen kann", und infolgedessen, dass alles über Schritte und Stufen zu einer ultimativen Ursache, einem Ursprung oder Prinzip des Seins zurückverfolgt werden kann. (3) Dass die Welt, der sich ständig verändernden Dinge und Aktivitäten, unter keiner anderen Konzeption als der eines ultimativen Prinzips der Präsenz-Kraft intelligent begründet und erklärt werden kann, welches die Basis, Grundlage, und das

Fundament der Welt der sich wandelnden Dinge bildet – das konstante Element, die Essenz oder das Prinzip, das sich nie ändert, das aber alle sich ständig verändernden Dinge zusammenhält und koordiniert.

Diese Axiome werden von den besten Denkern der Menschheit als "selbstevidente, notwendige Wahrheiten" betrachtet, ein Gegenteil davon ist undenkbar. Eine dermassen fest etablierte und allgemein als axiomatisch akzeptierte Wahrheit wie diese, kann nicht angegriffen werden, ohne gleichzeitig auch die Gültigkeit der Vernunft anzugreifen. Daher werden wir nicht versuchen, die Wahrheit dieser drei Axiome der menschlichen Vernunft zu argumentieren oder zu "belegen". Wir sind zufrieden uns auf die Erklärung zu beruhen, dass das beste Denken der Menschheit sie als echte Axiome, oder als Selbstverständlichkeiten annimmt; und das Gegenteil ist undenkbar und dem logischen Denken widerstrebend.

Wir möchten hier auf einige untergeordnete Propositionen hinweisen, die den drei oben genannten Axiomen angefügt sind, die allgemein als axiomatisch angenommen werden und welche der Annahme der drei grundlegenden Axiome logisch folgen. Diese untergeordneten Propositionen sind drei an der Zahl und sind wie folgt:

(1) "Das Ultimative Prinzip der Präsenz-Kraft währt Ewig."

Dass das Ultimative Prinzip der Präsenz-Kraft ewig währt, folgt logisch aus (a) der Erkenntnis von ihr als ultimativ, das heisst unfähig zu einer möglichen Auflösung oder Analyse; endgültig, elementar und fundamental; und (b), dass "nichts aus dem Nichts hervorgehen kann." Das Ultimative Prinzip, das ultimativ, elementar und fundamental im absoluten Sinne ist, kann keine vorangehende Ursache, Herkunft oder Quelle gehabt haben. Und weil "aus dem Nichts, nichts hervorgehen kann", kann es nicht als aus dem Nichts hervorspriessend erachtet werden. Deshalb muss es immer existiert haben, ohne Anfang, ohne Unterbrechung, ohne Stillstand. Wenn es jemals eine Zeit gab, in der es nicht existierte, oder jemals eine Zeit, in welcher es aufgehört hat zu existieren, dann könnte es jetzt nicht existieren. "Wenn es jemals eine

Zeit gab, in welcher es nichts als Nichts gab, dann gäbe es auch jetzt nichts als Nichts", ist eine selbstevidente Aussage der Wahrheit, die als solche von allem logischen Denken, egal welcher Schule akzeptiert wird.

(2) "Das Ultimative Prinzip der Präsenz-Kraft ist Nicht Verursacht."

Was ultimativ ist kann notwendigerweise nicht verursacht sein. Was ewig ist, kann ebenfalls nicht verursacht worden sein. Die Argumentation, die zu dieser Schlussfolgerung geführt hat, wurde im vorhergehenden Absatz erwähnt und muss hier nicht wiederholt werden. Es gibt und konnte niemals etwas geben, was das Ultimative Prinzip verursacht oder erschaffen hätte; und das, was Ewig ist, ist durch die Tatsache seiner Ewigkeit jenseits der Ursache oder des verursachenden Prozesses.

(3) "Das Ultimative Prinzip der Präsenz-Kraft ist Selbstexistent."

Das, was ultimativ, ewig und nicht verursacht ist, muss infolgedessen auch selbstexistent sein, das heisst aus und durch sich selbst bestehend, und unabhängig von jeglicher Herkunft, Folge und Unterstützung von einer anderen Sache. Es gibt nichts anderes, als es selbst, das dazu dienen kann, sich zu unterstützen oder aufrechtzuerhalten; und nichts, nicht einmal das Ultimative Prinzip selbst, hätte sich ursprünglich hervorbringen können – es kann als das Ultimative, Ewige ohne Ursache und als "das Ganze" in seiner Essenz und seinem Zustand des fundamentalen Seins betrachtet werden.

Sie sehen somit, dass wir der Schlussfolgerung nicht entkommen können, dass das entscheidende Prinzip der Präsenz-Kraft "Ewig, Nicht Verursacht, und Selbstexistent" ist. Da wir von "dem Ultimativen Prinzip der Präsenz-Kraft" sprechen, ist es ausserdem ersichtlich, dass alle Dinge direkt oder indirekt von ihm ausgehen müssen, wie von einer Quelle oder einem Ursprung. Ein Prinzip (in diesem Sinne des Begriffs) ist: "Eine ultimative und essenzielle Ursache, beziehungsweise Quelle oder Ursprung, von welchen alle abgeleiteten Wirkungen, Ereignisse oder Dinge aller Art ausgehen oder fliessen." Wie gesagt, ist der Zweck und das Ziel jeden philosophischen und metaphysischen spekulativen Denkens, die Erklärung aller getrennten und besonderen Aktivitäten durch ein gemeinsames, Ultimatives Prinzip. Auch die Theologie postuliert ein Allwaltendes Ultimatives Wesen als die gemeinsame Quelle und den Ursprung aller manifestierten und geschaffenen Dinge. Egal ob das Ultimative Prinzip als Geist, Materie oder Energie – als Person, Substanz oder Kraft – erachtet wird, die grundlegende und fundamentale Vorstellung davon als "Ultimatives Prinzip", bleibt sich im Wesentlichen gleich.

Was auch immer die verschiedenen Schulen der Philosophie, Metaphysik und Theologie dafürhalten, was das Ultimative Prinzip sein und nicht sein muss, werden sie stillschweigend übereinstimmen, dass KRAFT* ein wesentliches Attribut seines Wesens sein muss – ein Attribut, dessen es nicht beraubt werden kann. Denn, wäre das ultimative Prinzip nicht KRAFT oder besässe es KRAFT nicht als ein Attribut, dann hätte es den Kosmos und seine Aktivitäten niemals manifestieren, ausdrücken oder erschaffen können. Ein kraft- oder machtloses Ultimatives Prinzip wäre nur ein passives, untätiges Etwas, und es gäbe nichts, was "davon fliessen oder ausgehen könnte" – tatsächlich wäre es überhaupt kein wahres Prinzip.

(*Anmerkung des Übersetzers: das hier verwendete Englische Wort POWER könnte in diesem Kontext jeweils auch als MACHT übersetzt werden)

Die Theologie ermisst unstrittig, dass das Höchste Wesen unendliche Macht oder Kraft als ein wesentliches Attribut besitzt, dessen es nicht beraubt werden kann, und ohne welches wir es uns nicht vorstellen können. Ohne Kraft oder Macht hätte das Höchste Wesen die Welt weder erschaffen noch überhaupt irgendetwas hervorbringen können. Wiederum ist das Wesentliche des religiösen Gefühls die Existenz einer KRAFT, auf die der Anbeter sicher vertrauen und bauen kann: nehmen Sie diese Überzeugung weg, und ebendieser Geist religiöser Gefühle würde ins Nichts verblassen. Gott ohne Macht oder Kraft wäre nach den angenommenen theologischen Gottesvorstellungen gar kein Gott. Es gibt kein Entrinnen vor dieser grundlegenden Tatsache der theologischen Lehre.

Aber ausserhalb von Theologie und Religion – auch unter denjenigen, die beides nicht akzeptieren – finden wir die gleiche Gewissheit, dass KRAFT in einem Etwas existieren muss, das als das Ultimative Prinzip des Kosmos gilt. Philosophen, Metaphysiker, Wissenschaftler – selbst die materialistischsten Denker – halten ebenso voll und ganz wie die Theologen dafür, dass das Ultimative Prinzip KRAFT sein oder andernfalls besitzen muss, was auch immer sonst von ihm behauptet werden mag. Dies, weil ohne KRAFT das Ultimative Prinzip "keine Arbeit leisten könnte"; ohne kosmische Kraft würde und könnte es keinen Kosmos geben. Demgemäss wird KRAFT als selbst-evident erachtet, und als Muss des Denkens über das Thema des Ultimativen Prinzips oder der kosmischen Aktivitäten.

Herbert Spencer wies auf den Geist seiner eigenen Philosophie und auch auf den Weg hin, welchen andere Denker seither beschritten haben, als er seine berühmte Aussage machte, in welcher er die Existenz und die Kraft "der unendlichen und ewigen Energie aus der alle Dinge hervorgehen" bekräftigt. John Fiske hat in seinem grossen Werk mit dem Titel "Kosmischer Theismus" die folgende Formel als vollständige und komplette Grundaussage seiner Theorie des Kosmos vorgestellt: "Es gibt eine KRAFT oder MACHT, für welche keine Begrenzung in Raum und Zeit denkbar ist, und aus welcher alle Phänomene manifestiert werden."

Nicholas Murray Butler, Präsident der Columbia University, fasst die Schlussfolgerungen des modernen philosophischen und wissenschaftlichen Denkens wie folgt zusammen: "Eine starke und meiner Meinung nach dominierende Tendenz in der Philosophie, eindringlich unterstützt durch die Ergebnisse des wissenschaftlichen Wissens, ist die, welche Totalität als ENERGIE versteht, welche dem Willen entspricht."

Verlässliche Aussagen, ähnlich den soeben gegebenen, könnten fast unbegrenzt vervielfältigt werden – aber die obigen dienen dazu, die allgemeine Überzeugung zu diesem Thema zu veranschaulichen. In welche Richtung auch immer wir auf dem Gebiet des menschlichen Denkens schauen mögen, was immer wir auch finden mögen, wir sind sicher, diesen Bericht über die notwendige Präsenz und Existenz der KRAFT im Zentrum und Herzen der Dinge zu finden – als die gemeinsame Quelle beziehungsweise Herkunft oder Ursprung aller Dinge – im Ultimativen Prinzip des Seins oder im Ultimativen Kosmischen Prinzip, nennen Sie es wie Sie wollen. Wenn wir alle Punkte, in welchen sich die verschiedenen Schulen hinsichtlich der Wesensart des Ultimativen Prinzips unterscheiden, beiseitelassen, finden wir das konstante Element der KRAFT – dies kann nicht wegargumentiert werden, noch kann es aus der Fragestellung oder Aussage des Ultimativen Prinzips ausgesondert werden.

Egal ob das Ultimative Prinzip nun als Geist, Substanz, Energie, Kraft oder Materie verstanden wird, das Element und das Attribut oder die essenzielle Tatsache der KRAFT müssen ihm immer zugeschrieben werden. Nachdem sich die widersprechenden Forderungen gegenseitig aus der Berechnung weggekürzt haben – oder aber in Einklang gebracht worden sind – finden wir die KRAFT immer noch ungekürzt, nicht stornierbar, und keinen Abgleich brauchend, als unbestrittenen und unbestreitbaren Faktor der Berechnung: es ist das, was übrigbleibt, wenn, bei dem Versuch, einen absolut essenziellen Faktor zu erreichen, alles andere beseitigt wurde – der eine Faktor, der, wenn er weggelassen oder nicht beachtet wird, die Bedeutung und den Wert der ganzen Berechnung zerstört.

Angesichts der oben genannten Tatsachen glauben wir, dass wir berechtigt sind, in dieser Anweisung den Begriff "KRAFT" zu verwenden, um das zu bezeichnen, was wir als das Ultimative Prinzip der Präsenz-Kraft, Ultimatives Kosmisches Prinzip etc. verstehen, und "von welchem alle Bekundungen der Kraft direkt oder indirekt ausgehen."

Indem Sie diese Auffassung, des letzten Prinzips als KRAFT, mit uns weiterverfolgen, werden Sie nicht aufgefordert, noch sind Sie gezwungen, Ihre anderen Vorstellungen von der Natur und dem Charakter des letzten Prinzips zu verwerfen. Halten Sie sich an diese, wenn Sie es vorziehen, aber mischen Sie sie nicht in diese Unterweisung: denn es gibt andere Studenten, gleichermassen ernsthaft und mit ebenso klaren Gedanken, die an anderen und möglicherweise widersprüchlichen Konzeptionen bezüglich dieser anderen Elemente festhalten. Zum Zwecke der gegenwärtigen Unterweisung bitten wir Sie, gemeinsam mit letzteren, alle die Punkte beiseite zu legen, in welche Sie nicht einwilligen können, und sich auf diese besonderen Punkte zu beschränken, in welchen Sie alle in Übereinstimmung und gegenseitiger Harmonie sind: Es wird sich herausstellen dass diese Punkte in der gegenwärtigen Konzeption des Elements der KRAFT als wesentliche Tatsachen beziehungsweise Elemente oder Faktoren der endgültigen Vorstellung des Ultimativen Prinzips dargestellt werden, welches dementsprechend in dieser Unterweisung "KRAFT" genannt wird.

Alles philosophische, metaphysische, theologische und wissenschaftliche Denken über die ultimative Natur des Grundprinzips von Präsenz und Kraft erreicht schliesslich einen Punkt, an dem es einem Ultimativen Mysterium gegenübersteht – dem Geheimnis des "Warum und Wofür" des Ultimativen Seins oder der Existenz selbst. Dieses Ultimative Mysterium kann durch die Frage angedeutet werden, die sich jedem grossen Denker stellt, der die Wissenssuche bis zu diesem Punkt verfolgt hat – die Frage, die in diesen Worten ausgedrückt werden kann: "Wie und warum gibt es überhaupt Sein und Existenz? Wie kommt es, dass Etwas anstelle von Nichts ist? "

Philosophie, Metaphysik, Theologie und Wissenschaft haben sich mit diesem Problem auseinandergesetzt, und jede von ihnen war gezwungen, sich bei gestandener oder impliziter Niederlage davon zurückzuziehen. Jeder ist "aus der Tür gekommen, in die er gegangen ist". Je tiefer der Gedanke, der die Tiefen dieses Ultimativen Mysteriums ausloten will, desto grösser ist das wahrgenommene Mysterium. Ein grosser Denker hat gesagt: "Dieses Ultimate Mysterium ist nicht nur unlösbar, sondern der Grad und das Ausmass des Mysteriums selbst sind fast unfassbar – der durchschnittliche Verstand fängt nicht einmal an, die Natur des Problems zu verstehen, geschweige denn die unüberwindbaren Hindernisse, mit welchen derjenige konfrontiert wird, der es wagt, sich ihm im Geiste rationaler Untersuchung zu nähern."

Es hat wahrlich zahllose Theorien und Hypothesen gegeben; de facto so viele, dass es gesagt worden ist, dass philosophische, metaphysische und theologische Gedanken in dieser Richtung nicht als logische und genaue Gedanken betrachtet werden können, weil noch nie zwei solcher Denker, bezüglich dieser ultimativen Fragen, jemals in genaue und vollkommene Übereinstimmung gekommen sind. Ein zynischer Beobachter sagte einst, dass die Suche nach der Antwort auf diese ultimativen Fragen vergleichbar mit der Aufgabe "eines blinden Mannes in einem dunklen Raum, der nach einer schwarzen Katze jagt – die nicht da ist" sei. Einige sehr sorgfältige Denker, halten ohne jeden Zweifel fest, dass "die schwarze Katze nicht da ist", weil nicht nur die Frage über die Grenzen der menschlichen Vernunft hinausgeht, sondern auch von der Natur des Falles her keine Antwort möglich ist.

Es ist darauf hingewiesen worden, dass die menschliche Vernunft, das menschliche Verständnis und sogar die menschliche Vorstellungskraft, welche Produkte der Kraft des Ultimativen Prinzip des Seins sind und in ihrer Natur finit und begrenzt sind, nicht eingesetzt werden können, um das Geheimnis ihrer Quelle zu lösen, oder Unendlichkeit in den Begriffen endlichen Denkens oder endlicher Imagination auszudrücken. Sie weisen darauf hin, dass vom Denken, welches das Resultat der Verursachung ist, nicht erwartet werden kann, die Ursache zu erklären: der zeitliche Gedanke, kann nicht ausreichen, um das Ewige zu erklären; der Gedanke, der durch Veränderung hervorgebracht wird und diese bekundet, kann das Rätsel des Unveränderlichen und des Unwandelbaren nicht lösen. Sie weisen darauf hin, dass "das Universum seine ultimativen Geheimnisse zurückhält", und dass "wie sich Schleier um Schleier heben wird – dahinter Schleier um Schleier zum Vorschein kommen muss." Gautama, der Buddha, warnte seine Anhänger davor, "das Unmessbare mit Worten zu messen", oder sich in der sinnlosen Aufgabe zu versenken, "die Gedankenkette in das Unergründliche zu versenken."

Das Ultimative Mysterium liegt jedoch noch tiefer als die Unfähigkeit des menschlichen Minds, es zu ergründen, welche aus der Endlichkeit desselben resultiert. Wie einige der scharfsinnigsten Denker uns gezeigt haben, entspringt der Versuch, das Rätsel zu lösen, aus einem irrigen und trügerischen Grundfehler. Dieser fundamentale Fehler besteht in dem unlogischen Versuch, eine Erklärung zu finden, das heisst eine "Ursache" für das Etwas, das von Natur aus "ohne Ursache" ist und sein muss und welchem kein "Weil" anhängt. Der menschliche Verstand ist so daran gewöhnt, "Ursachen" in Dingen und für Dinge zu suchen und zu finden, dass er dem kindlichen Fehler verfällt, zu versuchen "Ursachen" für das Ursachslose zu finden.

Schon die Konzeption des Ultimativen Prinzips bringt die positive, fundamentale und wesentliche Implikation mit sich, dass ein solches Etwas notwendigerweise Ultimativ, Ursachslos, Absolut und Ewig sein muss. Das, was Ultimativ ist, kann keine Ursache gehabt haben. Das Absolute kann keine Ursache haben. Ein Solches muss immer ohne eine Ursache existiert haben – dies ist der unvermeidliche, unveränderliche und unfehlbare Bericht des Verstands, der sich bis zu den äussersten Grenzen seines Vermögens erstreckt.

Wenn dies richtig verstanden wird, widerspricht es nicht wirklich der Erfahrung, Vernunft oder Logik – obschon es zunächst so scheinen mag. Alles, was unsere Erfahrung, Vernunft oder Logik fordert, ist: "Alles, was entsteht, muss die Wirkung einer vorausgehenden Ursache sein, denn Etwas kann nicht aus dem Nichts hervorgehen." Der Verstand, der berichtet, dass es ein Ultimatives Prinzip des Seins geben muss, postuliert nicht, dass das Ultimative Wesen jemals "ins Dasein gekommen" ist – er berichtet positiv, dass eine solche Idee absurd und undenkbar ist. Daher gibt es kein wirkliches Erfordernis für eine Ursache des Ultimativen Prinzips, insofern es nicht der Klasse der "Dinge ist, die entstanden sind" anbelangt.

Hier sehen wir also, dass keine Erklärung für Sein oder Existenz in seinem Zustand des Ultimativen Prinzips erforderlich ist; ein hervorragender Denker hat gesagt: "Es ist einfach nur deshalb unerklärlich, weil es nichts zu erklären gibt." Derselbe Denker weist uns darauf hin, dass selbst dann, wenn das Ultimative Prinzip als ein Omniszientes Mind erachtet oder verstanden würde, es sein eigenes Ursachsloses Wesen nicht erklären könnte, denn es gäbe nichts zu erklären – selbst solch ein allwissender Geist könnte nur bekunden "ICH BIN DER ICH BIN". Ausserdem hat uns dieser grosse Denker gesagt: "Zu fragen 'Warum ist Existenz?' entspricht der Frage "Warum ist das Mögliche möglich?"

Deshalb werden wir in der vorliegenden Instruktion keinen Versuch machen, das Ultimative Mysterium des Seins oder der Existenz zu lüften. Wir werden uns damit begnügen, auf die Notwendigkeit der Vorstellung eines Ultimativen Prinzips der Präsenz-Kraft hinzuweisen – welches wir "KRAFT" nennen – und darauf hinzuweisen, wie es sich in den Aktivitäten des Kosmos bekundet und ausdrückt, und insbesondere auf seine Offenbarung als Persönliche Kraft im Individuum – in IHNEN!

Wir können vielleicht die Schleier der Natur nicht durchdringen, aber wir können wenigstens berichten, was über das Erscheinen jenes Etwas gelernt wurde, das sich nicht nur hinter dem Schleier verbirgt, sondern auch, durch sein Gegen-Den-Schleier-Drücken, und indem es Formen und Bewegungen in und von der Substanz dieses Schleiers verursacht, seine Gegenwart offenbart und enthüllt. Wie die Sufis sagen: "Die Schleier verbergen den EINEN nicht nur – sie dienen auch dazu, Seine Gegenwart und Seine Bewegungen zu offenbaren und preiszugeben."

Wir bitten Sie, hier für einen Moment innezuhalten, um in Ihrem Mind und Gedächtnis ein mentales Bild festzuhalten – ein Symbol, durch welches Sie die kosmische Bekundung der KRAFT, das ultimative Prinzip der Kraft, festhalten können. Bilden Sie sich ein Bild der kosmischen Bekundung als einen grossen Ozean der Kraft, in konstanter Bewegung und Aktivität, der auf seiner Oberfläche viele Phasen, Formen und Aspekte seiner Kraft ausdrückt; und unter seiner Oberfläche viele andere Formen, Phasen und Aspekte der Kraft anzeigt: aber dort in seinen äussersten Tiefen als ein nicht offenkundiges, ruhiges, friedliches, ungestörtes Etwas, in Unendlicher und Ewiger Präsenz und Kraft, in Unendlichem und Ewigem Sein, verbleibt.

In diesem grossen Ozean Kosmischer Manifestation – sogar in Ihnen selbst – ist alle in der Natur manifestierte und ausgedrückte Kraft enthalten. SIE sind ein fokussiertes Zentrum der Aktivität auf der Oberfläche dieses Ozeans, jedoch mit vibrierenden und wirbelnden Filamenten, die sich weit unter diese Oberfläche erstrecken, bis sie schliesslich die ungeschaffenen Tiefen der KRAFT berühren. Wahrlich, es ist wohl gesagt worden, dass der Kosmos und alles, was darin enthalten ist, in einen grossen Ozean der Kraft getaucht ist, in welchem wir, wie der griechische Dichter Aratus, der von Paulus zitiert wurde, sagte: "leben, uns bewegen und sind"; die ultimative Kraft, welche, wie Paulus selbst sagte, "über allem, durch alles hindurch und in euch allen ist".

Von KRAFT kommt alle Kraft – einschliesslich Persönlicher Kraft. Es gibt keine andere Quelle oder keinen anderen Ursprung für Persönliche Kraft – IHRER persönlichen Kraft – als die der KRAFT, des ultimativen Prinzips der Kraft. Alle Kraft fliesst direkt oder indirekt von der Kraft, dem Universellen Ursprung der Kraft, der Quelle der Kraft, dem Lagerhaus der kosmischen Kraft. Alle Kraft ist in KRAFT – und wer Persönliche Kraft erlangen will, muss sie von und durch KRAFT zu erlangen suchen. Täuschen wir uns nicht. Es gibt keine andere Quelle Persönlicher Kraft als KRAFT – es gibt nichts anderes, das kompetent ist, um als Quelle der Persönlichen Kraft zu dienen. Die Achtlosen und Unwissenden sind zufrieden mit der Persönlichen Kraft, mit welcher sie indirekt versorgt werden, nachdem sie durch viele gewundene Kanäle geflossen ist. Die Weisen versuchen, einen direkten Kanal zu machen, der zu KRAFT selbst führt. Es gibt "Abkürzungen" für Persönliche Kraft, die durch eine direkte Verbindung mit KRAFT hergestellt werden.

Im Licht der obigen Ausführungen und Lehre, lesen Sie erneut unser zweites grundlegendes Postulat, nämlich: "Das Meister-Selbst, Ego, 'ICH', oder 'ICH BIN ICH', ist ein fokussiertes Zentrum des Seins und der Kraft, welches durch Ultimative KRAFT, in ihren Erscheinungs- und Ausdrucksformen im Kosmos, bekundet und zum Ausdruck gebracht wird." Wenn Sie daran denken, dass SIE dieses "zentralisierte Zentrum" sind, werden Sie vielleicht beginnen die enorme Bedeutung dieser Aussage zu erkennen.

VI DIE ZWILLINGS-MANIFESTATION

In dem vorhergehenden Abschnitt dieses Buch haben wir Ihnen gezeigt, dass es für das menschliche Mind unmöglich ist, zu verstehen, was das Ultimative Prinzip der Kraft – KRAFT in sich selbst – in seiner essentiellen Natur und seinem essentiellen Wesen ist. Ebenso haben wir Ihnen gezeigt, "wie" es uns möglich ist, zu wissen, dass es überhaupt eine solche Kraft gibt. So wie Sie gesehen haben, dass, wenn Sie das "ICH BIN ICH" Zentrum des Seins in sich selbst betrachten, Sie mit dem unvermeidlichen, unveränderlichen und unfehlbaren Bericht des Selbst-Bewusstseins: "ICH BIN ICH" zufrieden sein müssen, so stellen sie fest, dass Sie auch mit dem unvermeidlichen, unveränderlichen und unfehlbaren Bericht ihres Verstands zufrieden sein müssen, dass KRAFT, das ultimative Prinzip Aller-Kraft, im Sein präsent IST und sein muss. In beiden Fällen werden Sie mit einem Finalen Mysterium konfrontiert – nicht mit zwei finalen Mysterien, sondern mit den beiden Aspekten des einen Finalen Mysteriums.

Genauso wie Sie es als möglich erachten, "wie genau" sich das "ICH BIN ICH" in Ihren persönlichen Aktivitäten bekundet und ausdrückt, können Sie auch entdecken, "wie genau" KRAFT sich in den Aktivitäten des Kosmos manifestiert und ausdrückt; und "wie genau" Sie aus KRAFT Persönliche Kraft, welche sich in Ihren persönlichen Aktivitäten bekundet und zum Ausdruck gebracht wird, schöpfen können; und schliesslich, ist das der wichtigste Punkt der praktischen Instruktion, die dafür entworfen wurde, Ihnen, in dieser praktischen Welt der praktischen Dinge, zu helfen und Sie in Ihren Lebensaktivitäten zu unterstützen.

Die Pragmatische Philosophie, die Sie in Ihrem praktischen Leben, hier und jetzt, in dieser sehr praktischen Welt, benötigen, beschäftigt sich richtigerweise mit den "wie" Fragen und überlässt die unlösbaren "warum" Probleme denjenigen, welche derartige Sisyphus-Aufgaben des Strebens wie "der blinde Mann im dunklen Zimmer, der die schwarze

Katze finden will – die nicht da ist" geniessen. Sisyphus, Sie erinnern sich vielleicht, war dieser unglückliche Charakter der alten Mythologie, welcher in Tartarus ewiger Strafe unterworfen wurde; seine Aufgabe bestand darin, einen grossen Stein auf die Spitze eines hohen Berges zu rollen, wobei der Stein ständig zurückrollte und seine Aufgabe damit unentwegt, unaufhörlich und endlos machte – ohne möglichen Erfolg.

Wenn wir darüber nachdenken, was uns Beobachtung, Experiment und Vernunft lehren, "wie" KRAFT seine Energie und Kraft in den Aktivitäten des Kosmos bekundet, lassen Sie uns damit beginnen, Ihnen eine uralte orientalische Fabel zu erzählen, welche von den frühesten Lehrern ersonnen wurde, um die kosmischen sowie die menschlichen Aktivitäten nach dem Vorbild der Persönlichen Kraft zu illustrieren. Indem Sie die in dieser alten Fabel dargelegten Grundsätze sorgfältig erfassen und sie in Ihren Gedanken fixieren, werden Sie vor Ihnen ein äusserst nützliches und praktisches Diagramm der von der KRAFT eingesetzten Methoden haben, die auch in Ihrer Bekundung und in Ihrem Ausdruck der persönlichen Kraft befolgt werden müssen – sowohl der Persönlichen Kraft, die Sie jetzt besitzen, als auch der kultivierten, entwickelten und trainierten persönlichen Kraft, die Sie durch Anwendung der Prinzipien und Methoden, die in der vorliegenden Anweisung verkörpert sind, erwerben.

Die uralte Fabel, die von Lehrer zu Schüler in orientalischen Ländern für viele tausend Jahre erzählt wurde, verläuft wie folgt:

Es waren einmal in einem weiten Wald zwei Individuen, von denen jeder in besonderer Weise von den Göttern gesegnet worden war, aber auch von gewissen anderen besonderen Segnungen beraubt war. Beide dieser Individuen waren Giganten der Kraft, doch ihre Kraft war in bestimmten Richtungen so begrenzt, dass ihr Mangel so gross war wie ihr Besitz.

Der erste dieser Wald-Bewohner war ein physischer Riese, gefüllt mit Kraft und Stärke, und animiert mit einem starken Wunsch beziehungsweise einer starken Sehnsucht oder Verlangen zu Reisen, sich frei zu bewegen, und eine wichtige Rolle in der Welt der Menschen zu spielen. Aber leider! war er blind geboren und konnte nur durch ungeschicktes Tappen und Fühlen seinen Weg durch den Wald finden, von Baum zu Baum stolpern, immer im Kreis herumlaufen und nirgendwo hinkommen. Er war niemals in der Lage, aus dem Wald zu kommen und die Welt der Menschen zu erreichen. Der Name dieses Riesen war "VOLITION", was "Die Stärke des Willens" bedeutet.

Der zweite Wald-Bewohner war ein mentaler Riese; besessen von wunderbaren Beobachtungs- und Wahrnehmungsfähigkeiten, gutem Urteilsvermögen und Urteilsfähigkeit, fähig zu denken und zu planen, sich vorzustellen und zu erfinden. Aber leider! war er mit verwelkten Beinen und gelähmten Armen geboren worden und konnte nicht durch seine eigene Fortbewegungsfähigkeit umherwandern oder seine Arme bei irgendwelchen natürlichen Aktivitäten einsetzen. Seine grossartigen mentalen Kräfte gingen wegen seiner körperlichen Mängel verloren. Auf seine Art war er so hilflos wie der physische Riese. Der Name dieses zweiten Riesen war "IDEATION", was "Die Kraft des Denkens" bedeutet.

Und so wohnten diese beiden grossen Riesen – der eine ein physischer Riese, der andere ein mentaler Riese – im grossen Wald getrennt voneinander; jeder ist auf freundliche Nachbarn angewiesen für sein Essen und seine Kleidung; Jeder von ihnen lebt das Leben eines hilflosen Bettlers, und jeder ist unfähig, das Geschick zu erfüllen, für welches Ihn seine grossartigen Fähigkeiten ausgerüstet zu haben schienen. In keinem der beiden existierte diese Kombination von "Sehen" und "Tun", das heisst, die notwendige Ko-Operation von essenziellen Kräften; doch jeder hatte, was dem anderen fehlte, und jedem fehlte, was der andere besass. In jedem verkümmerte seine Fähigkeit – Kraft, die sich nicht ausdrücken und bekunden konnte.

Eines Tages kam der blinde Riese, der im Kreis herumtappte und herumstolperte, zufällig dem gelähmten Riesen nahe. Letzterer rief dem ersteren laut zu und richtete seine Schritte dahin, wo er hilflos sass. Die zwei, die sich zum ersten Mal trafen, unterhielten sich ernstlich; bald entstand eine starke Freundschaft zwischen ihnen. Das Band der gegenseitigen Sympathie, der gegenseitigen Not und des gegenseitigen

Mangels diente dazu, sie in gegenseitiger Einsicht und Kameradschaft zu vereinen.

Dann blitzte ein brillanter Gedanke in dem Mind des "Ideation" auf. Er sah auf einmal, in einem Blitz intuitiver Einsicht, wie die zwei Riesen eine äusserst vorteilhafte Partnerschaft bilden könnten, zu der jeder seine eigenen besonderen Kräfte beitragen könnte – die Kräfte, die dem anderen fehlten. "Volition" würde den Körper und die physikalische Stärke – seinen starken Körper, starke Beine und starke Arme – beitragen; "Ideation" würde sein starkes Sehvermögen, seine starken Beobachtungs- und Wahrnehmungsfähigkeiten, seine starken Unterscheidungs- und Urteilsfähigkeiten, seine starken Kräfte der Vorstellung, des Verstands und der Invention beitragen. Die Kombination wäre perfekt, sagte "Ideation"; und "Volition" erfasste enthusiastisch die sich ihm bietende Gelegenheit.

Und so, hob "Volition", der blinde Riese, "Ideation", den gelähmten Riesen auf seine Schultern; und das Paar brach voran durch den Wald auf, in Richtung der Welt der Menschen. Geführt von den scharfen Augen und dem Gehirn von "Ideation", getragen von den kräftigen Beinen und dem Körper von "Volition", reiste das Paar weit und es erging ihm gut.

Die Augen von "Ideation" sahen klar und scharf; und sein Mind wies nicht nur auf die besten Wege und Strassen hin, sondern plante auch die Reise wohl durchdacht. Er malte sich neue Reiseszenen aus und ersann die besten Routen; und er entdeckte die Orte, an denen Nahrung und Unterkunft verfügbar waren. Er fand Arbeit die von "Volition" zu verrichten war und sagte ihm, wie er sie effizient ausführte. Auf diese Weise unterstützt das Paar sich selbst geschickt, unter der Leitung des scharf-sehenden und scharfsinnigen "Ideation".

Andererseits, trug "Volition", der blinde Riese, mit seiner herausragenden physikalischen Kraft, das Paar leicht und schnell über die Strasse, und vollführte die körperliche Arbeit, die dazu diente, das Paar zu unterhalten und ihre gemeinsamen Absichten zu erreichen. Er verrichtete seine Arbeit gut – die Arbeit, die man von einem derart starken, kräftigen Riesen erwarten konnte. Geführt von "Ideation" verschwendete er keine Zeit und Anstrengung mehr, um herumzureisen und seine Aufgaben zu erfüllen. Sein kräftiger Körper, und seine kräftigen Beine und Arme, hatten ein ebenso starkes Augenpaar gefunden, und ein Gehirn, das effizient arbeiten konnte. Wie gesagt, das Paar reiste weit und es ging ihm gut.

Die weisen alten orientalischen Lehrer schlossen ihre Erzählung der Fabel durch das Rezitieren ihrer Moral und Anwendung, wie folgt:

"Hier haben Sie die Geschichte der Natur und des Menschen. Die Natur in ihren früheren Jahren war wie der blinde Riese voller Kraft und Sehnsucht zu handeln, aber unfähig, den vor ihm liegenden Weg zu sehen. Sie stolperte und tastete, bewegte sich oft im Kreis herum und legte denselben Weg mehrmals zurück. Blinde Natur, obwohl stark im Willen, war nicht in der Lage, ihre gewünschten Aufgaben zu erfüllen, wie sie es wollte; sie machte Fehler, sie scheiterte, sie ging rings umher und versuchte ständig einen Weg zu finden – oft endete sie in den »Sackgassen« des Waldes, nur um gezwungen zu sein, ihre Schritte wieder aufzufinden. Sie konnte nicht sehen; Sie hat sich oft wie ein Schlafwandler verhalten, mit einer starken Absicht, aber ohne bestimmte Richtung. Nur wenn sie ihre erfinderischen Kräfte entwickelte und diese mit ihrem blinden Willen koordinierte, konnte sie mit Intelligenz und in konkreten Richtungen fortschreiten. Das ist die Geschichte der Natur, meine Söhne. So arbeitet sie; So kommt sie voran; So schafft und vollbringt sie."

Dann fuhren die Weisen fort:

"Und dies ist die Geschichte des Menschen. In jedem Menschen ist der blinde Riese des Willens, voller Energie und Kraft, gefüllt mit dem brennenden Verlangen und Drang, seine Handlungskräfte auszudrücken und zu bekunden; aber von sich aus lediglich dazu fähig, zu stolpern und zu straucheln, sich seinen Weg zu ertasten und zu erfühlen und sich meist im Kreis zu drehen. Ebenso findet man in jedem Menschen den verkrüppelten und gelähmten Gedanken, scharfsichtig und scharfsinnig, einfallsreich, beobachtend, erkennend; planend, erfindend; aber von sich aus unfähig, sich zu bewegen und effiziente Arbeit zu leisten. Nur wenn der menschliche Gedanke die Schulter des menschlichen Willens besteigt und den Weg, die Strasse und die Richtung weist; und nur dann, wenn der menschliche Wille diese Richtung und Führung erlaubt und sich ihm unterwirft, und einwilligt, seinen starken Körper, seine starken Beine und starken Arme zu benutzen, um den Weg zu gehen und die Arbeit auszuführen, auf die das menschliche Denken hinweist; nur wenn diese kooperative Partnerschaft in den Köpfen des Menschen entsteht und ihre kombinierten und koordinierten Kräfte manifestiert und zum Ausdruck bringt – nur dann wird das vereinte Paar, das 'Zwei-in-Eins', effizient, nützlich und fähig zu effektivem und effizientem Ausdruck und zu effektiver und effizienter Bekundung. Dies ist die Geschichte des Menschen, meine Söhne. So arbeitet er; So kommt er voran; So schafft und vollbringt er."

Indem wir die Anwendung dieses Prinzips auf die Persönliche Kraft des Menschen für den Augenblick aufschieben, würden wir sagen, dass viele der klügsten Köpfe der Philosophie zu einem ähnlichen Schluss hinsichtlich des Charakters der Aktivitäten der Natur gekommen sind. Aber leider! sahen viele von ihnen nur eine Seite der Geschichte und ignorierten die andere. Einige, wie Schopenhauer, sahen nur den Willen Aspekt und versuchten das Denken als eine Weiterentwicklung des WILLENS zu erklären – ein Produkt der Aktivitäten von blindem Willen in seiner Natur. Andere, gewisse der grossen Idealisten, sahen nur den Gedankenaspekt und versuchten, den Willen als ein Produkt des entwickelten Denkens zu erklären.

Jede dieser Schulen der Philosophie erklärten die Bewandtnis ganz zufriedenstellend bis zu einem gewissen Punkt – aber jeder scheiterte den dualen Aspekt der Aktivitäten der Natur wahrzunehmen, die jeweiligen Aspekte des Willens und des Denkens – die Zwillings-Manifestation, kombiniert und koordiniert als gleichwertiger Partner, jeder ohnmächtig ohne den anderen. Spätere Philosophen haben jedoch die in der antiken orientalischen Fabel verkörperte Wahrheit gesehen und versucht, Systeme der Philosophie darauf aufzubauen – und die Tendenz geht nun in diese Richtung. Und das ist gut – denn es ist "der einzige Weg".

Schopenhauer postulierte einen kosmischen Blind-Willen als das Ultimative Prinzip der Kraft, und erklärte das Universum in seinen Begriffen. Andere folgten ihm in verschiedensten Varianten. Schopenhauer sagte: "Wille ist das innerste Wesen, der Kern jedes Lebewesens und der Gesamtheit der Existenz". Andere hielten sich ähnlich und definierten Wille als "Verlangen mit der Kraft zu handeln; oder Kraft mit dem Verlangen zu handeln." Wundt sagte: "Das Universum, wie wir es wahrnehmen, ist die äussere Hülle oder Schale, hinter der eine spirituelle, schöpferische Aktivität verborgen ist – ein strebendes, fühlendes Gefühl, wie das, was wir in uns wahrnehmen; das aktive Prinzip ist Streben oder Impuls, Tendenz, Verlangen und Wille." In diesem Zusammenhang werden Sie sich an die Aussage von Nicholas Murray Butler erinnern (zuvor zitiert in diesem Buch), in welcher er sagt: "Die starke Tendenz in der Philosophie, eindringlich unterstützt durch die Ergebnisse des wissenschaftlichen Wissens, ist die, welche Totalität als ENERGIE versteht, welche dem Willen entspricht."

Auf der anderen Seite finden wir die Idealisten, die behaupten, dass das Ultimative Prinzip Ideenbildung oder ideelle Kraft ist; das Universum ist eine rein ideelle Schöpfung, ein Drama, ein mentales Bild, eine Geschichte oder vielleicht sogar ein Tagtraum oder tatsächlicher Traum von einer Universalen Ideellen Kraft. Die Idealisten behaupten, dass das Universum und alles darin nur eine Idee oder eine Reihe von Ideen im ideellen Mind eines Höchsten Ideators ist. Idealismus (in diesem Sinne) ist in den Nachschlagewerken definiert als: "Die philosophische Doktrin, die besagt, dass die Welt eine Idee ist; und die lehrt, dass materielle Gegenstände keine wirkliche Existenz haben und dass wir keine rationalen Gründe haben, an die Realität von irgendetwas im Kosmos zu glauben, sondern an Ideen und ihre Beziehungen." Eine Variation dieser Philosophie ist diejenige die dafürhält, dass die ewig existierenden

Idealformen die Wirklichkeit darstellen; diese haben die Kraft und Fähigkeit, äussere Erscheinungen von sich zu bekunden und auszudrücken, die jedoch gewöhnlich mehr oder weniger verzerrt oder unvollkommen erscheinen.

Von Hartmann kam in einigen Teilen seiner "Philosophie des Unbewussten" der Kombination von Volition und Ideation ziemlich nahe. Er sagte: "Niemand kann Wollen, ohne dies und das zu wollen. Nur durch eine bestimmte Richtung erhält der Wille die Möglichkeit des Ausdrucks." So verband er in seiner Philosophie den kosmischen Willen und die kosmische Idee, wobei beide zusammen sein kosmisches Prinzip bildeten. Er verglich die beiden Aspekte seines kosmischen Prinzips mit der Farbe und dem Duft der Rose, die sich weder widersprechen noch einander entgegentreten; oder wiederum mit den beiden Polen des Magneten, mit entgegengesetzten Qualitäten, auf deren Beziehung und Korrelation die kosmischen Aktivitäten beruhen. Ein moderner Psychologe sagt: "Der Wille wird von Ideen hervorgerufen; er geht nur als Antwort auf Ideen hervor," und "Eine Idee, die Gegenstand des Willens ist, wird in ein Motiv freiwilligen Handelns verwandelt." Sie sehen, die Vorstellung des dualen Aspekts oder der Zwillings-Manifestation tritt in den Vordergrund, wie sie es im Laufe der Zeit zwangsläufig tun musste.

Wenn Sie die Prozesse und Aktivitäten der Natur beobachten, werden Sie überall die Beweise des Willens und der Idee sehen – der blinde Wille, der unter der Leitung und dem Impuls des Gedankens zu Aktivität schreitet. Die Idee ist die Form oder das Muster, um deren Bekundung oder Ausdruck in objektive oder materielle Existenz der Wille immer bemüht ist. Wenn Sie eine "Arbeitsphilosophie" der Art und Weise wünschen, in der die Natur fortschreitet und durch welche ihre schöpferischen Tätigkeiten vollbracht werden, können Sie nichts besseres tun, als zumindest versuchsweise die Idee jener Philosophien zu verwenden, die die Vorstellung von der Koordination und Korrelation von Wille und Denken einschliessen – von Wille und Idee – wie in der antiken orientalischen Fabel illustriert.

Damit wollen wir jedoch nicht andeuten, dass wir glauben, dass die KRAFT, das Kosmische Ultimative Prinzip in sich, nur Willen und Idee ist. Im Gegenteil, beruhen wir uns auf unsere frühere Aussage, dass alles, was wir von der Natur der KRAFT sagen können, einfach das ist, dass sie Ewig, Nicht Verursacht, und Selbst-Existent IST und sein muss. Alles, was wir im Zusammenhang mit dem kosmischen Willen und der kosmischen Idee andeuten wollen, ist, dass diese die Zwillings-Manifestation der KRAFT im Kosmos zu bilden scheinen, und die speziellen und besonderen Instrumente beziehungsweise Maschinerie zu sein scheinen, mittels welcher KRAFT ihren schöpferischen Ausdruck und ihre Bekundung im Kosmos vollbringt. Vergewissern Sie sich, dass Sie uns in dieser Unterscheidung richtig verstehen – denn die Differenzierung ist wichtig. Es ist ebenso unlogisch, KRAFT mit ihren Instrumenten und ihrer Maschinerie zu identifizieren, wie es unlogisch ist, das "ICH BIN ICH" oder Meister-Selbst mit seinen eigenen Instrumenten und seiner eigenen Maschinerie zu identifizieren.

Die Persönliche Kraft im Menschen als Teil der allgemeinen Bekundung und des Ausdrucks von KRAFT im Kosmos, (denn es gibt keine andere Kraft, von der sie Ausdruck und Bekundung sein kann) muss unter die allgemeine Regel des Ausdrucks und der Bekundung von KRAFT im Kosmos fallen. Das heisst, sie muss von der Zwillings-Manifestation in Richtung Volition und Ideation – Wollen und Denken gelenkt werden. Untersuchungen und Beobachtungen, unterstützt durch tatsächliche Experimente, beweisen dies, wie zu erwarten war.

Das "ICH BIN ICH" oder Meister-Selbst, welches ein fokussiertes Zentrum von Präsenz und Kraft ist, das von der KRAFT in ihrer Kosmischen Bekundung erschaffen wurde, fährt naturgemäss fort sich in Aktivität zu bekunden und auszudrücken, so wie sich KRAFT in ihren grossartigeren Aktivitäten manifestiert und ausdrückt, das heisst, durch den Einsatz der Instrumente und Maschinerie von Volition und Ideation. Alle Aktivitäten des Menschen werden als gemäss dieser Regel ablaufend wahrgenommen.

In diesem Zusammenhang dürfen Sie jedoch nicht übersehen, dass die mentalen und physischen Aktivitäten des Menschen sowohl auf unbewussten Prozessen als auch auf Prozessen des gewöhnlichen Bewusstseins beruhen. Es gibt unterbewussten Willen und unterbewusstes Denken, sowie bewussten Willen und bewusstes Denken. In der Tat geht ein sehr grosser Prozentsatz der Willens- und Gedankenaktivitäten des Menschen auf den unterbewussten Ebenen oder Etagen seines Seins vor sich.

Das körperliche Wachstum des Menschen und die Prozesse seines physischen Organismus verlaufen fast ausschliesslich auf der Ebene der unbewussten Aktivität. Es gibt immer den Willen, der vorwärtsdrängt, um seine Arbeit des Wachstums, der Ernährung, der Reparatur, der Beseitigung usw. zu vollenden. Es gibt auch immer eine Ideation, die das mentale Muster oder Design bereitstellt, das der Wille objektivieren und materialisieren wird. Die Idee der Eiche ist implizit im Keim innerhalb der Eichel; und die Willenskraft in der Eichel und im wachsenden Baum drängt immer vorwärts, um dieses Ideal wahrwerden zu lassen – um die ideale Form zu objektivieren und zu materialisieren.

Die Ideation baut die innere Form auf, und der Wille strebt danach, dasjenige, was zuerst in ideeller Form existierte, in äusserer Form zu verwirklichen. Dies gilt für das menschliche Leben genauso wie für die Eiche; und für alle Formen des Lebens in der Natur. Sie zeigt sich gleichermassen und wahrhaft in der Bildung der Kristalle, wie sie sich in den Lebewesen zeigt. In jeder natürlichen Aktivität, in der Dinge und Ereignisse nach Gesetz und Ordnung und scheinbar nach einem bestimmten Muster, Entwurf oder Plan wahrgenommen werden, existiert zuerst die ideale oder innere Form, um die sich die äussere oder materielle Form oder Bewegung selbst aufbaut. Wer die Prozesse der Natur aufmerksam beobachtet, kann dieser Überzeugung nicht entkommen.

Wenn wir dann die mentalen Aktivitäten und Prozesse des Menschen betrachten, erkennen wir das gleiche duale Prinzip in Aktion. Der Mensch benutzt seinen Willen, um seine Aufmerksamkeit auf irgendetwas zu richten; Er benutzt seinen Willen, wenn er versucht, etwas "auszudenken", wenn er versucht, ein Bild aus der Erinnerung zu rekonstruieren, wenn er versucht, sich etwas vorzustellen oder zu erfinden. Sogar in seinen "Gefühlszuständen" ist der Wille entlang unterbewusster Linien involviert. Und ebenso gibt es immer das mentale Muster der Ideenfindung. Wille geht nur als Antwort auf eine Idee hervor. Wenn Ideen aus dem Bewusstsein des Menschen ausgeschlossen würden, dann würde er nichts in der Art von Emotionen "fühlen", würde nichts verlangen; und würde nichts tun, um irgendetwas zu erreichen.

Wenn Sie die Gefühle oder Emotionen eines Menschen wecken wollen, müssen Sie ihm nur die passenden Ideen präsentieren, die nach diesen Gefühlen und Emotionen verlangen. Wenn Sie wünschen, ihn zu Willens-Aktivität zu erwecken, müssen sie ihm nur die entsprechenden Ideen die eine solche Handlung hervorrufen liefern. Sehr wenige Menschen verstehen die dynamische Kraft der Idee. Für sie ist eine Idee nur ein immaterielles Etwas im Kopf, das nur wenig oder gar nichts mit tatsächlicher Anstrengung oder Aktivität zu tun hat.

Aber die Psychologen wissen und lehren, dass Ideation aufgrund ihrer "Anziehungskraft", die sie über den Willen ausübt, eines der aktivsten Elemente aller menschlichen Handlung ist. Ohne Ideation gäbe es keine Willens-Handlung; mit erhöhter Ideation, wird die Willens-Handlung enorm in Kraft und Effizienz gesteigert. Praktische Psychologen lehren nun ihre Studenten, dass es möglich ist, Verlangen und Wille zu erwecken, zu stärken und zu stimulieren, indem sie ihnen immer wieder die starken, klaren und bestimmten Ideen der Sache präsentieren, die erreicht, objektiviert und materialisiert werden soll. Sie lehren auch, dass man die Aktivitäten von Verlangen und Wille zurückhalten, beschränken oder hemmen kann, indem man die Aufmerksamkeit von der fraglichen Idee entschieden zurückzieht, oder indem man die Aufmerksamkeit auf eine Idee von genau entgegengesetzter Natur und Charakter richtet.

Professor Halleck, der berühmte Psychologe, sagt: "Eine Idee hat immer ein motorisches Element, wie undeutlich auch immer; mit anderen Worten ist eine Idee eine praktisch einleitende motorische Aktion. Eine motorische Aktion neigt sofort dazu, in eine bestimmte Aktion überzugehen, es sei denn, sie wird zurückgehalten. * * * Es ist strittig, ob nicht alles, was für eine freiwillige Bemühung notwendig ist, damit erreicht wird, dass das Mind mit der Idee erfüllt gehalten wird, bis sich eine Handlung als natürliche Konsequenz ergibt. Um in der Richtung einer Idee in Präferenz gegenüber einer anderen zu handeln; müssen wir zuerst die eine ablehnen und freiwillig die andere annehmen. Die motorische Kraft die damit in Verbindung mit der dominanten Idee entwickelt wurde, liegt jedem höheren Akt des Willens zugrunde. "

Im letzten Vierteljahrhundert, oder vielleicht schon seit längerem, hat es eine grosse Wiederbelebung des Interesses an dem Thema der Gedanken, Gedanken-Kraft, Mind-Power oder ähnlichen allgemeinen Begriffen gegeben, die die Idee der Nutzung des Denkens beinhalten, um wünschenswerte Bedingungen für körperliche Gesundheit und Stärke, Wohlstand; Glück und das allgemeine Wohl des Individuums hervorzubringen. Unter all den vielen Theorien, die den essenziellen Geist dieser "Gedankenlinie" (wie viele sie nennen) zum Ausdruck bringen wollen; und hinter verschiedenen Namen, Begriffen und Titeln, die benutzt werden, um dasselbe anzudeuten und zu bezeichnen; wird die fundamentale Grundidee und Vorstellung der Tendenz des Denkens oder der Idee gefunden werden, sich in Handlung oder in objektiver Form und Wirklichkeit zu bekunden. Der Kern der Vorstellung ist derjenige der Kraft des Ideals, real zu werden.

Tausende von Menschen auf der ganzen Welt haben versucht, durch Richtiges Denken die Kraft zu demonstrieren, ihre Umwelt, Umstände, Gesundheit, Erfolg und Fähigkeiten zu schaffen oder zu verbessern. Viele haben ihre Fähigkeit voll bewiesen, durch die Kraft der Gedanken ihre eigene Umwelt zu schaffen (oder zumindest zu einem grossen Teil zu verbessern); die Umstände zu kontrollieren; und ihr eigenes Schicksal zu bestimmen. Sie sind nach den allgemeinen Grundsätzen verfahren, die im biblischen Sprichwort ausgedrückt sind: "Wie ein Mensch denkt, so ist er"; und in dem ebenso alten buddhistischen Sprichwort: "Wir sind das, was wir gedacht haben." Sie erachten Falsches Denken als die

Ursache unerwünschter Ergebnisse und Wirkungen; während Richtiges Denken für die Ursache wünschenswerter Effekte und Ergebnisse gehalten wird. Die allgemeine Auffassung kann im Aphorismus ausgedrückt werden: "Ideen neigen dazu, sich in äusserer Form und Wirkung zu reproduzieren; das Ideale Muster neigt dazu, eine objektive materielle Realität um sich herum aufzubauen."

In den meisten dieser Lehren wurde jedoch das Element der Idee oder des Denkens äusserst stark akzentuiert – in manchen Fällen überbetont, denken viele – während gleichzeitig das Element des Willens unterbetont wurde. In der Tat, ist dieses letzte Element – das des Willens – in einigen Fällen praktisch vernachlässigt, und in anderen Fällen von einigen, die bevorzugen das Thema in den quasi-religiösen Begriffen des Transzendentalismus zu erklären, auch als böse angeprangert worden. Aber es wird jetzt von vielen der sorgfältigsten Denker "in dieser Richtung" wahrgenommen, dass ein Versäumnis, die Willenskraft in Verbindung mit der Kraft des Denkens einzubeziehen, zur Folge hat, dass man dem Individuum eine Hälfte seiner Mentalen Kreativen Kraft entzieht. Die Bemühung, den Willen von der Assoziierung mit der Idee auszuschliessen, ist dem Versuch ähnlich, die Existenz eines Magneten mit nur einem Pol zu beteuern.

In der Tat, wurden alle durch die Kraft der Gedanken erzielten Ergebnisse teilweise aufgrund der korrelierten und koordinierten Kraft des Willens erreicht, obwohl die Personen, die diese Ergebnisse erzielten, sich dieser Tatsache nicht bewusst waren. Ideation ohne Volition – Denken ohne Wollen – ist nur der paralysierte, scharfsichtige Riese der Fabel, der nichts aus eigener Kraft tun kann, der aber den starken Körper, die starken Arme und die stabilen Beine des blinden Riesen benötigt, bevor er effektive Resultate erzielen kann.

Aber zugleich müssen wir immer daran denken, dass es ebenso wahr ist, dass der blinde Riese des Willens nicht intelligent oder wirksam vorgehen kann, bis er den gelähmten, scharfsichtigen Riesen Ideation auf seine Schultern gehoben hat. Allein in dieser Union gibt es die wahre Stärke dessen, was Mind-Power, Gedanken-Kraft oder Gedanken-Stärke genannt wird. Von diesen beiden kombinierten, koordinierten und korrelierten mentalen Elementen kann gesagt werden: "Vereint stehen sie; getrennt, fallen sie."

Den vielen Personen, die ernsthaft versuchen, Gedanken in Handlung, objektiver Form und materiellen Ergebnissen zu bekunden, die aber, obwohl sie ausreichend befriedigende Ergebnisse erzielen, um zu bestätigen, dass "etwas daran ist", immer noch das Gefühl haben, "es irgendwie nicht ganz erfasst zu haben", wird die Idee der Korrelation und Koordination der Ideation und Volition – des Denkens und Wollens – der Partnerschaft der beiden Riesen – als willkommene Offenbarung erscheinen. Viele solcher Personen werden, sobald ihnen diese Idee vorgestellt wurde, ihre Wahrheit aufgrund ihrer eigenen Erfahrung erkennen. Sie werden erkennen, dass sie endlich das Geheimnis der Persönlichen Kraft entdeckt haben, und sie werden dann zu einer grösseren und volleren Bekundung dieser Kraft gelangen, als es ihnen bisher in ihrer "einseitigen" Sichtweise des Prinzips möglich war.

Auf der anderen Seite gibt es viele, die allein durch die Anwendung von Willensstärke nach Erfolg strebten. In vielen Fällen hat diese Methode jedoch nicht das gewünschte Ziel erreicht. Solche Menschen werden oft als ziellos umherirrend befunden, sich immer im Kreis drehend, wie der blinde Riese – der sich immer bewegt, aber nie "irgendwo hinkommt". Sie fühlen starkes Verlangen und starken Willen, der sich in ihnen rührt, aber sie wissen nicht, in welche Richtung sie diese Kräfte anwenden sollen. Sie wollen sich bewegen und handeln, aber sie wissen nicht, wohin sie sich bewegen sollen oder in welche Richtung sie handeln sollen. Sie sind wie der Hamster im Rad, ständig in Bewegung, machen aber keinen wirklichen Fortschritt.

Es sollte kein Argument nötig sein, um jemanden davon zu überzeugen, dass es ohne ein Muster oder eine Form, sei es mental oder physisch, unmöglich ist, etwas zu erschaffen. Die Idee ist ein mentales Bild, eine Form, ein Muster oder eine Matrize, die vom Willen befolgt wird, wenn er seine motive Kraft in schöpferischer Aktivität und Anstrengung ausübt. Wie kann jemand vernünftigerweise erwarten, Umfeld,

Bedingungen oder Umstände zu schaffen, wenn er nicht zuerst die Idee, das Bild, das Muster oder die Form mental schafft – die Art oder Form dessen, was er in der objektiven, materiellen Welt schaffen will? Ebenso sollte es kein Argument erfordern, um zu beweisen, dass, je klarer, stärker und vollständiger das mentale Muster, die mentale Form oder das mentale Bild – kurz, die Idee – wirklich ist, desto besser, effizienter und vollständiger wird die Materialisierung dieser Idee.

Wie in der Natur jedem Prozess der Materialisierung eine "Idealisierung" vorausgegangen ist, so ist im Menschen jeder Errungenschaft in Richtung Materialisierung – all seinen schöpferischen Arbeiten und Ergebnissen – seine "Idealisierung" vorangegangen – das Bild, das sich im Mind durch die Idee formt. Wenn das so ist, muss jeder intelligente Mensch erkennen, dass er, wenn er in irgendeinem schöpferischen Unterfangen Erfolg haben will, zuerst danach streben sollte, zu "idealisieren" und ein eindeutiges, starkes, klares geistiges Bild, Muster oder Design von dem zu schaffen, was er in objektiver Form zu materialisieren wünscht. Erfolgreiche Menschen sind dieser Methode zwar immer gefolgt, obwohl sie vielleicht weder die Psychologie, die ihrer Handlung zugrunde liegt, noch das grosse Kosmische Prinzip, das in ihr enthalten ist, verstanden haben. Viele Fehler im Leben sind direkt oder indirekt auf ein Versäumnis zurückzuführen, dieses Prinzip zu verstehen und anzuwenden.

Diejenigen, die an den Lehren der Neuen Metaphysischen Bewegung (unter einigen ihrer vielen Namen) bezüglich der Kraft des Denkens und der Kraft des Minds festhalten, werden in den in diesem Buch vorgestellten Ideen keinen Widerspruch zu ihren eigenen Vorstellungen und Überzeugungen finden, sondern eher eine Ergänzung zu ihnen und eine Erklärung von ihnen. Alles, was sie jetzt über die Kraft des Denkens und seine Bekundungen glauben, hält dieses Buch auch für prinzipiell wahr, vielleicht noch stärker und mit grösserer Gewissheit als sie selbst. Aber dieses Buch strebt danach, das Konzept des dynamischen Denkens aus dem Bereich der schattenhaften Unwirklichkeit und des gespenstischen Seins zu einer lebendigen, realen, handelnden, strebenden, schöpferischen Kraft zu erheben, deren Körper Volition (Willen) und deren Mind Ideation (Denken) ist.

Wir bitten Sie, dieser Wahrheit mutig ins Gesicht zu schauen – die Zwillings-Giganten der Persönlichen Kraft zu erkennen, zu realisieren, und zu manifestieren, in deren Wesen die Energie, Stärke und Kraft der Ultimativen Prinzipien der KRAFT vibriert. Diejenigen die KRAFT zusammengefügt hat, soll kein Mensch auseinanderreissen. In der Tat kann kein Mensch sie auseinanderreissen, wenn er Persönliche Kraft effizient bekundet; denn sie sind nicht zwei getrennte und verschiedene Dinge – sondern die zwei Pole oder Aspekte derselben Sache.

Gehen wir nun zu der Betrachtung der praktischen Methoden über, in welchen die Prinzipien, die betrachtet, beschrieben und erklärt worden sind, wirksam in tatsächlichem Einsatz in Ihrer Lebensarbeit bekundet werden können. Es wird gesagt, "dass der Beweis des Puddings im Verspeisen desselben liegt" (dass Probieren über Studieren geht): begeben wir uns also zu Tisch, auf welchem "das Fest der guten Dinge" ausgebreitet ist.

VII DIE DREI FORMELN

Die alten Weisen aus den orientalischen Ländern erinnerten ihre Schüler daran, dass die praktischen Regeln und Methoden der Manifestation oder des Ausdrucks Persönlicher Kraft auf drei wesentliche und grundlegende Regeln oder Formeln reduziert werden können. Die Erfahrung moderner Forscher des Themas bestätigen diese Schlussfolgerung ihrer vorzeitlichen Brüder. Daher haben wir es für gut befunden, Ihnen diese Phase unseres Themas in Form dieser drei antiken Formeln zu präsentieren, angepasst an die modernen Bedürfnisse und ausgedrückt in den einfachen Begriffen der westlichen Welt, anstatt der verbalen Bilder der östlichen Länder.

Die drei Formeln der persönlichen Macht sind wie folgt: (1) Die Formel der Idealisierung; (2) die Formel der Affirmation; und (3) die Formel der Verwirklichung. Eine Formel ist "eine vorgeschriebene, festgelegte Regel oder Anwendungsmethode". Sie werden gebeten, die Beschreibung und die Anweisungen zu diesen drei verschiedenen Formeln, die Ihnen im Folgenden unter ihren jeweiligen Überschriften und Kategorien detailliert vorgestellt werden, sorgfältig zu prüfen.

Die Formel der Idealisierung

Idealisierung besteht aus dem Akt oder Prozess der Schaffung der idealen (mentalen) Form oder Matrize, dem idealen Muster oder Design von dem, was Sie in der objektiven Realität materialisieren möchten. Ideale, von ganzem Herzen in ihren Umrissen und scharf in ihrer Konfiguration definiert, und durch einen Zustrom von Willenskraft energetisiert und vitalisiert, neigen dazu, sich in der objektiven Realität zu materialisieren, mit Hilfe von (a) einem entsprechenden ätherischen Muster, Entwurf, Design oder Formaufbau um welche sich die Substanz der Materialisierung ablagert; und (b) durch Anziehen der Personen, Umstände, Dinge und Umweltfaktoren, die bei dem Prozess der Materialisierung helfen. Materialisierung ist die Handlung oder der

Prozess, das, was zuvor in idealisierter Form oder idealisiertem Zustand existierte, in materieller Form oder mit materiellen Eigenschaften anzulegen.

In der Formel der Idealisierung ist eine wunderbare Wahrheit über die Offenbarung der subtileren Kräfte der Natur verkörpert, welche (Wahrheit) den antiken esoterischen Schulen der Philosophie bekannt war und die (in der einen oder anderen Form) von den fortgeschrittenen Studenten und Lehrern der Altertümlichen Weisheit oder Esoterischen Lehren, aus allen Ländern und zu allen Zeiten, immer akzeptiert wurde.

Unsere westliche Wissenschaft war jedoch bisher dazu geneigt, alle diese Lehren als müssigen Aberglauben oder "okkulten Unsinn" abzutun. Die wunderbaren Entdeckungen der Wissenschaft während der letzten zwanzig Jahre haben jedoch dazu geführt, die Grenze zwischen esoterischer Wissenschaft und exoterischer Wissenschaft zu durchbrechen, und zur Zeit sind viele achtsame fortgeschrittene Denker in den Reihen der modernen Wissenschaft geneigt, eine weit grössere Toleranz gegenüber diesen alten Lehren zu bekunden; und sie liefern Erklärungen in Anlehnung an moderne wissenschaftliche Entdeckungen, die versuchen, die Phänomene, die von den alten Denkern mit anderen Begriffen erklärt wurden, nachzuweisen.

In der Zwischenzeit machen jedoch tausende von Menschen wunderbare Demonstrationen dieser Wahrheiten in ihrem täglichen Leben und bei ihrer Arbeit; und sind infolgedessen nicht sehr besorgt darüber, was die moderne Wissenschaft über die Erklärung in modernen wissenschaftlichen Begriffen zu sagen hat oder nicht. Sie sind vielmehr an der Tatsache interessiert, dass "die Sache funktioniert" und daran, "wie sie funktioniert", als an Theorien, die versuchen zu erklären, "warum sie funktioniert, und ob sie wie behauptet funktioniert".

Der Kern der alten und modernen Lehre über den Gegenstand der Funktionsweise des Prozesses der Idealisierung, kann wie folgt festgestellt werden: Eine eindringlich projizierte Gedanken-Form oder idealisierte Form, durch Willens-Kraft belebt und energetisiert, neigt dazu, sein materialisiertes Gegenstück oder seine materielle Repräsentation zu sich zu ziehen und um sich selbst aufzubauen. Auf diese Weise wird das Ideale Real (im Sinne von objektiver, materieller Existenz und objektivem, materiellem Zustand); und die Idealisierung wird in Materialisierung transformiert.

Es ist weder unsere Absicht, noch Zweck dieses Buchs, auf technische Details einzugehen oder akademische Diskussionen über die Prozesse zu führen, die von der Natur bei dem Wirken dieser Wunder verrichtet werden. Um dies zu versuchen, müsste man auf endlose Diskussionen und Erklärungen eingehen, die die gesamte Instruktion aus dem Bereich der praktischen, allgemeinen Untersuchung und Erwägung herausnehmen würde. Nichtsdestoweniger möchten wir kurz auf die allgemeinen Prinzipien eingehen und damit einen Hinweis auf die Richtung geben, in welcher die technische Erklärung dieser Phänomene liegt und wo man sie suchen kann, wenn man die Untersuchung in dieser Richtung weiterverfolgen möchte.

Ein führender Schriftsteller über die Lehre der antiken und modernen Magie sagt: "Die zentrale Lehre der Magie kann wie folgt zusammengefasst werden:

(1) Dass es ein übersinnliches und reales 'kosmisches Medium' gibt, das die greifbare und scheinbare Welt durchdringt, beeinflusst und unterstützt und das sowohl den Kategorien beider, der Philosophie als auch der Physik zugänglich ist. Dieses 'kosmische Medium' oder 'Astrallicht' ist verwandt mit dem immateriellen Äther der Physiker. Von frühester Zeit an hat die okkulte Philosophie ihre Kenntnis dieses Mediums verkündet und sie stets als eine wissenschaftliche Tatsache ausserhalb der Reichweite unserer normalen Sinne beschrieben, die jedoch durch die geschulten Kräfte des Eingeweihten verifiziert werden kann. Es war das erste Objekt der okkulten Erziehung und Initiation, diese übersinnliche Ebene der Erfahrung zu verwirklichen, indem sie dem Studenten beibrachte, wie er seinen Fähigkeiten die dirigierenden Kräfte seines eigenen Denkens und Willens auferlegen kann, so einfach, wie er sie den materiellen Dingen auferlegen könnte.

(2) Dass es eine etablierte Analogie und ein etabliertes Gleichgewicht zwischen der materiellen und der übermateriellen Welt gibt. Diese Analogielehre oder Korrespondenz zwischen den sichtbaren und den unsichtbaren Welten ist die Grundlage der Spekulationen des Okkultismus. 'Wie oben, so unten; wie unten, so oben', das erste Axiom des Hermes Trismegistos, ist auch allen Platonisten genehm. Eliphas Levi sagt: 'Die Analogie ist das letzte Wort der Wissenschaft und das erste Wort des Glaubens; Es ist der Schlüssel aller Geheimnisse der Natur.' Es wurde in das System der Kabbala aufgenommen, und Böhme und Swedenborg bedienten sich ihrer Methode, um der Welt ihre Intuitionen zu präsentieren. Sir Thomas Browne sagte: 'Die strengen Schulen werden mich niemals bezüglich der Philosophie des Hermes auslachen, dass diese sichtbare Welt nur ein Bild des Unsichtbaren ist, in welchem, wie in einem Porträt, Dinge nicht in materiellen Formen existieren, sondern in idealen Formen, die eine materielle Substanz in diesem unsichtbaren Gefüge darstellen'.

(3) Dass das Gleichgewicht zwischen den materiellen und übermateriellen Welten durch den disziplinierten Gedanken und Willen des Menschen kontrolliert werden kann. In ihrer Essenz ist die magische Initiation eine traditionelle Form der mentalen Disziplin, die den Willen stärkt und fokussiert. Eliphas Levi sagt: 'So wie die Kräfte des Körpers durch Athletik in einem erstaunlichen Ausmass entwickelt werden können, so können auch die Kräfte der Seele entwickelt werden; lernen wie zu wollen'. Diese Kraft des Willens gewinnt täglich Anerkennung in den Lagern der Wissenschaft, da die Hauptfaktoren in der Religion und in der Therapeutik – der Heilung des Körpers und der Heilung der Seele – für unsere weitest fortgeschrittenen Theorien zu diesen Themen kaum mehr sind, als alter Wein in neuen Flaschen."

Die moderne Philosophie, die zu einem grossen Teil von den Tatsachen der Wissenschaft unterstützt wird, erklärt einige der angeblichen Tatsachen der "Magie", wie sie gerade eben angegeben wurden, durch die Theorie des unbewussten Willens und der unbewussten Idee als kosmische Prinzipien. Die Ausdehnung dieser Auffassung auf den

Menschen, bezüglich des Prinzips der Analogie, "wie oben, so unten; wie unten, so oben", liefert den Schlüssel zum Geheimnis der schöpferischen Aktivitäten derselben. Kurz, sie behauptet implizit, dass der Mensch (der Mikrokosmos), durch bewusste Anwendung der gleichen Methoden und Prozesse und durch die gleichen Prinzipien, wie sie von der Natur oder dem Kosmos (dem Makrokosmos), eingesetzt werden, erschaffen kann. Und wie wir in den folgenden Absätzen zeigen werden, postuliert die moderne Wissenschaft die Existenz eines Gegenstücks zum "kosmischen Medium" oder "Astrallicht" der Okkultisten.

Die moderne Wissenschaft behauptet in der Vorstellung des Universalen Äthers die Existenz einer immateriellen, unwägbaren Substanz, ähnlich der, die von den alten Hindu-Philosophen unter dem Namen "Akasha" oder "Prakriti" postuliert wurde. Dieser Universale Äther wird von der modernen Wissenschaft dafürgehalten, allen Raum zu durchdringen und "der letzte Zustand oder die letzte Beschaffenheit aller Materialität" zu sein; Materie wird als ein Derivat davon angesehen und schliesslich dazu bestimmt, zu ihr zurückzukehren.

Stockwell sagt: "Der Äther wird als immaterielle, überphysikalische Substanz aufgefasst, die den gesamten Raum ausfüllt und in seinem unendlichen pochenden Schoss die Flecken aggregierter dynamischer Kraft, genannt Welten, trägt. Er verkörpert das ultimative spirituelle Prinzip und repräsentiert die Einheit jener Kräfte und Energien, aus welcher als ihre Quelle, alle physikalischen, mentalen und spirituellen Phänomene, so wie sie uns bekannt sind, entspringen." Bigelow spricht von: "Diesem aussergewöhnlichen Gebilde auf dessen gefolgerte Existenz die Richtung des modernen wissenschaftlichen Denkens zu konvergieren scheint, der interstellare Äther, der die ultimative Form der Materie zu beweisen scheint, aus der alles hervorkommt und zu der schliesslich alles zurückkehren muss. Der Äther ist bedingungslos, eine Entität ohne Eigenschaften oder genauer gesagt überhaupt keine Entität, sondern eine unendliche Möglichkeit."

Wenn Sie also wissen wollen, welche Unterstützung unsere Formel der Idealisierung im antiken Denken oder in der modernen Wissenschaft hat, so wurde Sie Ihnen im Vorangegangenen nahegelegt. Es gibt diese immaterielle Substanz, die in den kosmischen Prozessen, durch von Willen belebte Ideation, in materielle Form "verarbeitet" werden kann. Man muss nur die Idee zu seiner logischen Schlussfolgerung führen, dass das "ICH BIN ICH", das ein zentralisiertes Zentrum des Universellen Prinzips der KRAFT ist, zumindest in gewissem Masse die Kraft besitzen kann und besitzt, in der Welt auf dieselbe allgemeine Weise zu erschaffen, das heisst, durch Idealisierung, energetisiert und belebt von Willenskraft.

Die Idealisierung beginnt, der Formel gemäss, mit der Projektion einer idealen Form oder Gedankenform, "klar umrissen im Entwurf und scharf definiert in der Konfiguration, gut energetisiert und belebt durch einen Zufluss von Willenskraft." Es wird festgestellt, dass diese ideale Form oder Gedankenform dazu tendiert, sich in die objektive Realität zu materialisieren, "indem sie (a) ein entsprechendes ätherisches Muster, beziehungsweise Umriss, Design oder Form aufbaut, um welche die Substanz der Materialisierung abgelagert wird; und (b) durch Anziehen der Personen, Umstände, Dinge und Umweltfaktoren, die den Prozess der Materialisierung unterstützen."

Sie können dieses Idealbild oder Ihre Gedankenform projizieren, indem Sie zuerst eine klare Idee oder ein mentales Bild schaffen, wobei Sie sowohl Gedanken als auch Vorstellungskraft verwenden. Sie werden darin unterstützt, indem Sie sich das Idealbild oder die Gedankenform vorstellen, die der ätherischen Substanz überlagert ist, worauf es oder sie sofort beginnt, sich in einer substantielleren Struktur und einem substantielleren Körper zu kristallisieren. Es könnte Ihnen bei dieser Konzeption helfen, wenn Sie das Symbol der Projektion eines Bildes durch die bekannte magische Laterne verwenden. Denken Sie von Ihrem Idealbild oder ihrer Gedankenform, als von einem auf ein Laternenglas gemaltes oder fotografiertes Bild; von der ätherischen Substanz als dem Bildschirm oder der Leinwand, auf welchen oder welche das Bild gestrahlt oder projiziert wird; von Ihrer Aufmerksamkeit als der Linse der Laterne oder des Projektionsapparates, welche die Stärke des Lichtes bündelt und konzentriert; von Ihrem Willen als dem Licht, das das Bild projiziert; von Ihrem Verlangen als dem Brennstoff oder der Energie, die das Licht des Willens zum Brennen bringt.

Das Idealbild oder die Gedankenform muss von Willenskraft energetisiert gehalten werden, wie Sie in der Formel erfahren haben. Dies ist ein sehr wichtiger Faktor in dem Prozess. **Sei das Idealbild oder die Gedankenform, noch so klar, scharf und stark, wird es ihm oder ihr dennoch an Energie und Kraft mangeln, wenn es nicht mit einem angemessenen Fluss von Willenskraft versorgt wird. Um es so zu versorgen, sollten Sie Ihre Gedanken auf jene Eigenschaften des Bildes "halten", die es für Sie begehrenswert und erwünscht machen. Sie sollten sich häufig die Freude, den Inhalt und die Befriedigung vorstellen, die Ihnen gehören werden, wenn das Ideal verwirklicht wird, wenn der Traum wahr wird. Indem Sie so das Verlangen erwecken, werden Sie weiter jene Energie, Stärke und Vitalität des Willens, der Idealbild-Gedankenform zufliessen lassen, die sie benötigt, um zu wachsen und sich selbst zu entfalten.**

Sie werden feststellen, dass die Kraft Ihres Willens, die auf diese Weise eingesetzt wird, durch die Kultivierung eines starken, begierigen, sehnsüchtigen, hungrigen, dürstenden Verlangens nach der Verwirklichung Ihres Idealbilds oder Ihrer Gedankenform stimuliert und gestärkt wird. Mit "Verlangen" ist gemeint: "eindringlich ersehnend; eifrig und stark begehrend und fordernd; leidenschaftlich danach lechzen und fordern; unersättliche Sehnsucht nach," usw. Je stärker, beharrlicher und hartnäckiger die Begierde des Verlangens ist, desto grösser ist die Willens-Spannung, die sich im Idealbild oder der Gedankenform bekundet. Die Flamme des Verlangens muss hell brennend erhalten werden, damit das Licht des Willens ausreicht, um seine Arbeit zu tun.

Gleichermassen wird der Wille durch die Gegenwart eines mentalen Zustandes der Hoffnung, des Glaubens und des Vertrauens – kurz, der zuversichtlichen Erwartung eines erfolgreichen Ausgangs des Versuchs und der Aufgabe – zu erhöhter und intensivierter Aktivität angeregt. Die Glaubenskraft ist ein wichtiges Element der Ideellen Kraft und der Willenskraft. Sie darf in Ihrer Ausübung Persönlicher Kraft nicht übersehen werden.

Die Formel besagt auch, **dass das Idealbild oder die Gedankenform in Umriss und Konfiguration klar sein muss – eindeutig definiert in beiderlei Hinsicht. Insofern als das Idealbild oder die Gedankenform das Muster oder der Rahmen ist, um welches oder welchen herum Ihre Materialisierung bewirkt oder gebaut werden soll, folgt daraus, dass die besten Effekte erreicht werden, wenn dieses Muster oder dieser Rahmen klar definiert und scharf umrissen ist. Die Materialisierung verfährt nach dem Vorbild der Idealisierung und es kann nicht erwartet werden, dass sie besser als ihr Muster und ihre Form sein wird.**

Wir verstehen natürlich, dass es zumindest zu Beginn wahrscheinlich nicht leicht ist, ein perfektes, vollständiges Idealbild oder eine Gedankenform von dem, was Sie materialisieren möchten, zu schaffen oder aufzubauen. Darüber hinaus wissen wir, dass Sie im Verlauf des ursprünglichen Plans möglicherweise die Umrisse Ihres Musters oder Rahmens nachtragen, einige neue Details oder Merkmale hinzufügen oder einige Verbesserungen vornehmen möchten. Diese Dinge sind alle unter dieser Methode der Idealisierung möglich; in der Tat geht fast jeder, der mittels dieser Methode Ergebnisse erzielt, aufgrund der Natur der Sache auf diese Art und Weise vor. Das Prinzip der Idealisierung ist nicht durch solche Ergänzungen oder Änderungen beeinträchtigt – das Idealbild oder die Gedankenform, ist nicht starr und fixiert, sondern ist flexibel und in der Lage im Verlauf der Realisierung umgeformt, modifiziert, verändert, umgestaltet und ergänzt zu werden. Selbst die

Natur verfährt nach Evolution, Versuch, Experiment, Anpassung, Verbesserung und Kombination – also können auch Sie so verfahren.

Die beste allgemeine Regel für die praktische Durchführung des projektierenden Prozesses der Idealisierung ist wie folgt: Erlangen Sie die Fähigkeit, die Dinge und Bedingungen, die Sie materialisieren wollen, so klar wie möglich in eine objektive Form zu bringen. Wenn Sie zunächst die Details Ihres projektierten Idealbildes oder Ihrer Gedankenform nicht ausfüllen können, sollten Sie zumindest solide, eindeutige und feste allgemeine Umrisse erstellen und zeichnen; während Sie dann mit Ihrer Idealisierung und deren Verwirklichung fortfahren, können Sie die fehlenden oder kleineren Details hinzufügen; womit Sie das ideale Muster oder den idealen Rahmen anpassen, ändern, verbessern, umgestalten und umformen. Zögern Sie nicht, den Prozess der Idealisierung zu beginnen, nur weil Sie zunächst nicht die Details Ihres Bildes liefern können – die allgemeinen Umrisse werden genug sein, um damit zu beginnen, aber lassen Sie diese so deutlich, scharf und solide wie möglich sein.

Schliesslich sollten Sie verstehen, dass wir unter dem Ausdruck "Ideales Bild oder Gedankenform" immer einfach die IDEE dessen verstehen, was Sie tun oder sein wollen oder was geschehen soll – tatsächlich das "Objekt" Ihrer Wunsches-Willens-Glaubens-Idee. Dieses Objekt kann eine schlichte, einfache und unmittelbare Sache sein; oder aber, es kann eine ausgearbeitete, komplexe und ferne Sache sein; aber das allgemeine Prinzip bleibt unverändert, und die allgemeine Methode, es anzuwenden, ist dieselbe.

Das Idealbild oder die Gedankenform ist die "Form im Samen", die Sie in Form einer Pflanze, Blume und Frucht materialisieren möchten. Die folgenden Vorschläge können Ihnen helfen, Ihr mentales Bild zu formen:

(1) Idealisieren Sie die gewünschten Dinge, Ereignisse oder Bedingungen genau so, als wären sie in diesem bestimmten Moment existent und aktiv – genau "hier und jetzt" vor Ihnen.

(2)   Idealisieren Sie sich selbst, wie Sie sein wollen oder wie Sie das tun, was Sie tun wollen.

(3)   Idealisieren Sie andere so, wie diese Ihrem Wunsch gemäss sein sollen oder wie sie das tun, was sie Ihrem Wunsch gemäss tun sollen.

(4)   Idealisieren Sie Ereignisse so, wie sie Ihrem Wunsch gemäss auftreten sollen.

(5)   Idealisieren Sie Bedingungen so, wie sie Ihrem Wunsch gemäss sein sollen.

(6)   Idealisieren Sie Ihre Umgebung so, wie sie Ihrem Wunsch gemäss sein soll.

(7)   Idealisieren Sie Ihre Kraft, Stärke und Fähigkeit, wie sie Ihrem Wunsch gemäss sein soll.

Hier ist die Methode in Kürze: **(1) Entdecken Sie, wonach Sie sich sehnen, wie sie sein wollen, was Sie tun wollen oder was geschehen soll. (2) Bilden Sie ein eindeutiges, starkes und ausgeprägtes Idealbild oder eine Gedankenform desselben. (3) Beleben und energetisieren Sie dieses durch Willenskraft, die durch Verlangen erweckt und durch Glauben stimuliert wird. (4) Projizieren Sie das Idealbild oder die Gedankenform in die ätherische Substanz, um dort materialisiert zu werden. (5) Halten Sie das Bild auf die gleiche Weise klar, stark und "aktuell". (6) Sorgen Sie dafür, dass es mit fortwährendem Interesse und Aufmerksamkeit versorgt wird und von Verlangen, Glauben und Willenskraft angetrieben wird. (7) Dann warten Sie zuversichtlich und erwartungsvoll auf seine Materialisierung und Verwirklichung – denn "Siehe! das Ihrige wird Ihnen zukommen".**

In der obigen zusammengefassten Aussage haben Sie die Essenz dessen, was durch viele Bücher zum Ausdruck gebracht wurde; in vielen Lektionen unterrichtet wurde; und was in viele Bände der Unterweisung erweitert werden könnte. Prägen Sie es sich ein und wiederholen Sie es oft für sich selbst.

Die Formel der Affirmation

Eine Affirmation besteht aus dem Akt oder Prozess des Ausdrucks in verbaler Form – in Worten – der Äusserung des Gedankens oder der Idee dessen, was Sie in der objektiven Realität verwirklichen wollen. Worte sind kristallisierte Gedanken. Wenn eine Idee in Worten ausgedrückt wird, erhält sie zusätzliche Stärke und Kraft. Der verbale Ausdruck einer Idee gibt der letzteren einen "Körper" und eine Substanz, die ihr sonst fehlt. Es wurde von alten Okkultisten dafürgehalten, dass das "gesprochene Wort" eine mystische und esoterische Bedeutung und Macht hat. Die Erfahrung der modernen Mentalen Wissenschaft (verschiedener Schulen, der Interpretation der Grundprinzipien ihrer Lehren) hat dazu gedient, den Wert von "Affirmationen" zu demonstrieren, um die Ergebnisse ihrer, auf praktische Zwecke gerichteten, idealistischen Gedanken, zu sichern.

Der Mensch hat sehr wenig intelligent oder zweckorientiert gedacht, bevor er die gesprochene Sprache erfunden hat. Je grösser und angemessener das Vokabular eines Volkes oder Individuums, desto grösser ist dessen Fähigkeit zu klarem, bestimmtem Denken. Das bedeutet nicht, dass je mehr ein Mensch redet oder je mehr Worte er spricht, desto tiefer sein Denken ist – tatsächlich wird eher das Gegenteil einer solchen Aussage für wahr gehalten. Aber je mehr Begriffe ein Mensch in seinem Denken zu Verfügung hat, umso klarer und bestimmter wird sein Denken sein. Worte können und werden oft verwendet, um Gedanken zu verschleiern oder zu verbergen, oder um den Mangel an wirklichen Gedanken und Ideen zu verschleiern: aber ohne angemessene Begriffe ist klares und genaues Denken unmöglich.

Arnold Bennett sagt: "Wenn ein Schriftsteller eine Idee ersinnt, nimmt er dies in Form von Worten vor. Diese Form der Wörter bildet seinen Stil, und wird absolut durch die Idee bestimmt. Die Idee kann nur in Worten existieren, sie kann nur in einer Form von Worten existieren. Sie können nicht genau dasselbe auf zwei verschiedene Arten sagen. Ändern Sie leicht den Ausdruck, und Sie ändern leicht die Idee. Eine klare Idee wird klar ausgedrückt und eine vage Idee vage." Hazlitt sagt: " Nicht nur wird die Verbesserung eines Gedankens seinen Wortlaut verbessern; eine Verbesserung der Formulierung wird den Gedanken verbessern. Die Klarheit der Aussage zu studieren, ist gleichbedeutend wie das erforschen der Mittel zur Verbesserung des Denkens. "

Sie sehen folglich, dass Affirmation als einen ihrer Hauptzwecke die Stärkung des Gedankens oder Ideals und die Schaffung eines klareren, bestimmteren und deutlicheren Umrisses desselben hat. Sie können den Gedanken des Dinges oder der Bedingung, die Sie verwirklichen möchten, "festhalten"; sie können sich ein starkes mentales Bild davon machen; aber weder der Gedanke noch das Bild wird sein volles Mass an Stärke oder hohem Wert besitzen, bis Sie den Gedanken oder die Idee verkörpern und das Bild in formellen Worten beschreiben. **Wenn Sie Ihre Gedanken oder Vorstellungen von dem Ding oder der Bedingung, die Sie verwirklichen wollen, sorgfältig in Worte fassen und diese schriftliche Aussage korrigieren, bis Sie das Gefühl haben, dass Sie die Grenzen Ihrer effektiven verbalen Ausdrucksfähigkeit erreicht haben, dann werden Sie finden, dass Ihr Gedanke, Ihre Idee und Ihr mentales Bild eine neue Kraft, einen neuen Elan, Körper und Grad der Bestimmtheit und Klarheit angenommen hat.**

Wir können nebenbei erwähnen, mehr zum Zwecke der Suggestion und des Hinweises darauf, wie die Denkweise der Menschen in der Vergangenheit diese Idee der "Kraft der Worte" ergriffen hat, dass viele Lehrer der antiken esoterischen Schulen überzeugt waren, dass alle wahren schöpferischen Tätigkeiten aus dem ursprünglichen, durch Worte gegebenen Impuls hervorgegangen sind – das gilt für die Erschaffung des Kosmos und für die Schöpfungen des Menschen. Der Gebrauch des Ausdrucks "Das Wort" hatte eine mystische Bedeutung. Poe bezieht sich in seinem Aufsatz "Die Macht der Worte" auf diese alte Idee.

Die orientalischen Weisen haben viel über die Macht der "mystischen Mantren" zu sagen, um Schwingungen im Äther zu wecken und dadurch Materialisierung zu bewirken.

Die ersten Absätze des Johannesevangeliums lauten: "Im Anfang war das Wort, und das Wort war bei Gott, und das Wort war Gott. Dasselbe war im Anfang bei Gott." Darüber hinaus wird der Verweis auf das erste Kapitel der Genesis zeigen, dass Gott von dem Autor dieses Buches als die Schöpfung der Welt in aufeinanderfolgenden Stadien oder durch aufeinanderfolgende Schritte, durch göttliche Anordnung oder autoritär gesprochenes Wort, dargestellt wird; wie zum Beispiel: "Und Gott sprach: ‚Es sei Licht', und es ward Licht." Wiederum: "Und Gott sprach: ‚Es sei ein Firmament, mitten in den Wassern, und lass es das Wasser teilen von den Wassern.'" Und so weiter, verbaler Befehl folgt verbalem Befehl, bis die Arbeit der Schöpfung vollendet ist. Wir werden diese Phase des Themas nicht weiterverfolgen; das oben Gesagte wird dazu dienen, den Trend der Gedanken des Menschen über die Macht des Gesprochenen Wortes anzuzeigen.

Es gibt keine festgelegte Regel oder Form für den Ausdruck der verbalen Affirmation. Wenn Sie in Worten, positiv und definitiv, darlegen, was in Ihrer Idee involviert ist und was Sie sich mental im Prozess der Idealisierung vorgestellt haben, werden Sie den Prozess der Affirmation wirksam durchführen. Es gibt jedoch keine besondere Tugend in irgendeiner bestimmten Kombination von Wörtern; Verfallen Sie nicht in den abergläubischen Irrtum über verbale "Reize" usw., noch bemühen Sie sich, "Mantren" zu erfinden.

Die Tugend in Affirmationen liegt in dem Gedanken oder der Idee hinter den Worten – dem Geist der Worte, nicht ihrer Form – und nicht in irgendeiner magischen oder mystischen Kombination von Worten oder Tönen. Wenn die Worte Ihrer Affirmation klar, eindeutig und "auf den Punkt genau" lauten, werden sie dem Zweck effektiv dienen. Werden Sie kein blinder Anhänger von "geschnittenen und getrockneten" Affirmationsformen von Lehrern und Anderen, die ihre Autorität geltend machen wollen: Ihre eigenen Formen sind mindestens genauso gut wie diese; wenn sie ihre eigenen Gedanken in der Sache klarer und effektiver ausdrücken, können sie in der Tat besser sein,.

Hier ist jedoch ein wichtiger Punkt in Bezug auf die Verwendung von Affirmationen: Machen Sie Ihre affirmativen Aussagen immer in der Gegenwartsform. Sagen Sie nicht: "Dies-und-das wird so-und-so sein, durch dieses-und-jenes", sondern sprechen Sie stattdessen kühn und bekräftigen Sie, dass "Dies-und-das hier-und-jetzt so-und-so ist." Und in Wahrheit ist dies der Fall – Sie sprechen das Wort der Wahrheit, das die Zeitbegrenzungen überschreitet. "Dies-und-das ist so-und-so" in der idealisierten Form und kristallisiert sich gerade jetzt in die materialisierte Form darum herum. Machen Sie Ihre Affirmativen Aussagen ausserdem ernsthaft und positiv – vermeiden halbherzige oder "vielleicht" Aussagen, damit sich nicht nur halbherzige oder "vielleicht" Ergebnisse für Sie materialisieren. Üben Sie die Kraft des Glaubens aus – drücken Sie ihre positive, zuversichtliche Erwartungshaltung aus. Nehmen Sie nicht den Ton an, um einen Gefallen zu bitten – sprechen Sie das Wort von Befehl und Forderung. Sie sind kein Bettler – Sie sind ein Meister!

Verweigerungen oder umgekehrte Affirmationen sind manchmal nützlich, besonders wenn Sie das Bedürfnis nach Schutz und die Notwendigkeit verspüren, Hindernisse zu beseitigen, die Ihren Fortschritt behindern. Andernfalls sollten positive Affirmationen eingesetzt werden – konstruktiv und nicht destruktiv. Es wurde gut auf den Punkt gebracht, dass Dunkelheit schneller und effektiver zerstreut wird, indem man Licht hereinlässt, als indem man versucht, die Dunkelheit herauszuschaufeln; als allgemeine Regel ist es gut, von diesem Grundsatz auszugehen. Aber wir gehören nicht zu denen, die in Verweigerungen überhaupt keine Tugend sehen. Im Gegenteil, in gewissen Fällen empfehlen wir solche Methoden, die dann immer durch nachfolgende positive Affirmationen zu verstärken sind.

Indem Sie Verweigerungen oder umgekehrte Affirmationen anwenden, leugnen Sie das Hindernis oder die Behinderung, das oder die Ihren legitimen Fortschritt behindert; oder den antagonistischen Einfluss, der gegen Sie gerichtet ist, mutig, entschieden und positiv, aus Ihrer Erfahrungswelt. Es ist bisweilen wunderbar zu sehen, wie sich solche antagonistischen oder hinderlichen Dinge und Umstände auflösen und in ein ineffektives Nichts auflösen, soweit es Sie betrifft. Nun Folgendes ist ein Beispiel für die allgemeine Form der Ablehnung oder umgekehrten Bestätigung:

"Ich verweigere diesem Einfluss oder Hindernis Macht und Realität. Über mich hat er keine Macht oder Einfluss; für mich hat er keine behindernde Kraft. Für mein Meister-Selbst, mein 'ICH BIN ICH', hat er keine praktische Existenz." Begleiten Sie dies mit einem idealisierten Bild der blockierenden Sache, welche von der Szene verschwindet und belassen Sie den Rest des Bildes intakt ohne die Gegenwart der Sache, welche aus Ihrer Erfahrung verbannt wurde. Dann fassen Sie diesem Prozess mit Idealisierung und Affirmation entlang konstruktiver Linien nach, i.e. entlang der Linien der Schöpfung und Materialisierung dessen, was Sie in der Realität manifestiert und ausgedrückt haben wollen.

Abschliessend füllen Sie ihre Affirmation immer mit Gefühl, Glauben und Willen. Vitalisieren Sie sie mit Gefühl und Emotion, Verlangen, Begierde und beharrlichem innerem Antrieb; lassen Sie sie durch Glauben erglühen; machen Sie sie stark mit einem Zufluss von Willens-Kraft. Werfen Sie Willen, Glaube und Gefühl in Ihre Affirmation sowie in Ihre Idealisierung. Verfallen Sie nicht der Gewohnheit tote Worte zu beteuern, und wie ein Papagei zu wiederholen. Werfen Sie sich stattdessen in sie hinein. Sprechen Sie mit Ausstrahlung von Autorität, wie Sie mit denjenigen sprechen, welche sich gewohnt sind, ihren Befehlen zu gehorchen und Ihre Wünsche in Taten umzusetzen. Brausen Sie nicht auf, schimpfen Sie nicht, toben Sie nicht, sondern kultivieren Sie die Stimme echter Stärke und Autorität, ruhig, ausgeglichen und selbstsicher. Wenn Sie aus dem "ICH BIN ICH" Bewusstsein heraus sprechen, werden Sie es effektiv bewerkstelligen können.

Die Formel der Aktualisierung

Aktualisierung besteht darin, das, was Sie in der objektiven Realität materialisieren wollen, und dessen Idee in Ihren geistigen Bildern der Idealisierung und in Ihren gesprochenen Affirmationsworten dargestellt wird, "durch Handeln wirklich zu machen". In der Aktualisierung machen Sie die "mentalen Pfade", welche zu Errungenschaft und Vollbringung führen. Sie stärken damit auch das idealisierte Gerüst, das Muster, den Entwurf oder die Form Ihrer Idealisierung und geben Ihren verbalen Affirmationsbekundungen Ausdruck und Manifestation. Je grösser Ihre Fähigkeit ist, nach ihrem Glauben an die Verwirklichung "zu handeln und auszuführen", desto grösser wird Ihre Fähigkeit sein, die materielle Verwirklichung dessen zu bewirken, was jetzt in idealisierter Form Wirklichkeit ist.

In der Aktualisierung werden Sie den Geist dessen, was Sie idealisiert und bekundet haben, in realer Aktion zur Schau stellen. In der Aktualisierung, sowie in der Idealisierung und Affirmation, gibt es ein starkes Naturgesetz oder -prinzip. Wir haben diese Prinzipien nicht erfunden, noch beanspruchen wir irgendein Recht darauf, sie entdeckt zu haben. Im Gegenteil, wir wenden nur Begriffe an und beschreiben die Funktionsweise gewisser Grundprinzipien der Aktivitäten der Natur, die schon immer existierten und immer existieren werden, zumindest solange es einen Kosmos gibt.

Das Geheimnis der Wirksamkeit der Aktualisierung liegt in dem natürlichen Prinzip, nach dem "das Mass verfügbarer Kraft durch das Ausmass der Nutzung und des Einsatzes derselben bestimmt wird". In der ganzen Natur wird festgestellt, dass "der Gebrauch die Versorgung bestimmt".

Die verfügbare Muskelkraft eines Menschen hängt wesentlich vom Ausmass der vorherigen Inanspruchnahme, Ertüchtigung oder Nutzung seiner Muskeln ab. Der Mensch, der eine bestimmte Reihe seiner Muskeln trainiert oder benutzt, wird eine deutliche Entwicklung dieser besonderen Teile seines Körpers erfahren; während dem Mensch, der diese nicht trainiert oder benutzt hat, die besondere Entwicklung und Stärke fehlen wird, die der erste Mensch erworben hat.

Auf dieselbe Weise neigen Ausübung, Nutzung und Gebrauch dazu, jede der mentalen Fähigkeiten stark zu entwickeln und zu kultivieren. Die erhöhte Entwicklungsgeschwindigkeit einer mentalen Fähigkeit ergibt sich nicht allein aus der Kenntnis und Vertrautheit mit der Aufgabe, sondern auch aus der Steigerung der verfügbaren Kraft dieser Fähigkeit, die aus ihrer Nutzung und Anwendung kommt – die Kraft kommt als Antwort auf die Nachfrage und Notwendigkeit dafür, die im Laufe ihrer Nutzung und Anwendung entsteht.

Die Naturregel besteht darin, Stärke und Kraft denjenigen Teilen oder Fähigkeiten zu Verfügung zu stellen, die genutzt, gebraucht und in angemessener Weise trainiert werden; und diejenigen zu schwächen und zu verkümmern, die entweder im Übermass oder nicht in angemessenem Ausmass eingesetzt werden. Der Standard oder natürliche Grad der Stärke hängt weitgehend vom Ausmass der Standardmanifestation, oder vom angemessenen Grad des natürlichen Ausdrucks, des Einsatzes, der Nutzung und des Trainings ab.

Sowohl der physische als auch der mentale Riese verdankt seine Kraft nicht alleine der natürlichen Begabung und Anlage, sondern auch, und zwar in hohem Masse, dem natürlichen Gebrauch und Training seiner Begabung und Anlage.

Ohne zu versuchen, den Grundsatz ausführlicher zu erläutern, sagen wir Ihnen: Wenn Sie so handeln, als ob die gewünschte Kraft und Stärke allmählich in Sie fliessen würde, dann wird es zu einem solchen allmählichen Zufluss kommen; und in Ihnen wird sich eine grössere Kapazität Persönlicher Kraft manifestieren. Spielen Sie die Rolle aus, für welche Sie sich vorbereiten. Proben Sie die Rolle, welche Sie im Drama des Lebens ernsthaft spielen wollen. Erwerben Sie die Bewegungen, Gesten, äusseren Manifestationen, inneren Gefühle, Standpunkte, die Grundhaltung usw. des Individuums, das Sie zu sein wünschen und erwarten. Trainieren Sie sich in der Rolle durch ernsthaftes, geduldiges Proben. Der Prozess der Idealisierung und Affirmation wird die Kraft an die Tore Ihrer individuellen Irrigationskanäle bringen; aber Sie müssen die Tore tatsächlich anheben, um den Zufluss seiner Kraft und Energie zu erlauben – Sie müssen seine Kraft in tatsächlicher Arbeit und Aktivität nutzen, einsetzen und anwenden, wenn Sie möchten, dass der Fluss weitergeht.

Persönliche Kraft wird Ihnen zur NUTZUNG und nicht zum Horten gegeben.

Es gibt ein Gesetz der Nutzung sowie ein Gesetz der Anziehung in der Natur. Genauso wie der Willensprozess ohne tatsächliche Handlung nicht vollständig ist; genauso wie die Idee nicht vollständig ist, bis sie sich zu äusserem Ausdruck bewegt; so ist Ihre persönliche Kraft nicht vollständig, bis Sie begonnen haben, sie zu nutzen, anzuwenden, zu bekunden und auszudrücken. Begnügen Sie sich also nicht nur mit Idealisierung und Affirmation, sondern werden sie stattdessen aktiv und vollenden Sie den Prozess, indem Sie die Strahlen der Kraft, die in Sie hineinfliessen, bekunden und zum Ausdruck bringen, um die Materialisierung dessen, was Sie manifestieren wollen, in objektiver Form herbeizuführen. Übertreiben Sie Ausdruck und die Manifestation nicht – aber untertreiben Sie sie auch nicht; seien Sie bestrebt, die goldene Mitte, die Balance zwischen den beiden Extremen, aufrechtzuerhalten. In der Ausgeglichenheit liegt die Macht.

Ein Grossteil der negativen Kritik, die auf die Anhänger der verschiedenen Schulen der Neuen Metaphysischen Bewegung (unter ihren vielen Namen) gerichtet wurde, basiert auf der Theorie, dass solche Individuen blosse "Tagträumer" sind; dass sie sich vor den wirklichen Aufgaben des Lebens drücken, und sich weigern, sich den Gegebenheiten zu widmen, mit denen sie im täglichen Leben konfrontiert sind; und sich statt dessen mit dem Bau von "Luftschlössern" befriedigen, und Tagträumen frönen von dem, was sie sein möchten und zu tun und zu besitzen gedenken. Viele Menschen haben solche Kritik einigermassen verdient; aber hier stellt sich das Problem nicht aufgrund der wahren metaphysischen Lehre zu diesem Thema, sondern weil diese Personen, nur zwei Drittel der Wahrheit sehen, und das verbleibende Drittel ignorieren. Sie sind stark in der Idealisierung und Affirmation, insbesondere letztere wird überanstrengt; aber sie sind sehr schwach in der Aktualisierung – tatsächlich leugnen sie oft stillschweigend oder ausdrücklich deren Notwendigkeit.

Man darf träumen – tatsächlich muss man das tun, wenn man etwas erschaffen und konstruieren will; man darf seine Kraft bekräftigen – man muss es tun, wenn man etwas erreichen will; aber man muss auch die Ideale und Kraft, die man besitzt, "zum Ausdruck bringen". **Man muss sagen "Ich WAGE und ich TUE!" sowie "Ich KANN und ich WILL!" Man muss sowohl handeln, als auch denken, fühlen und planen. Man muss sich in Aktion ausdrücken und seine Gedanken und seinen Willen in die responsive ätherische Substanz einprägen.** Das Wort "aktual" (tatsächlich, wirklich) stammt von der gleichen Wurzel wie die Begriffe "agieren" (tun, wirken), "aktiv" (tatkräftig, wirksam) oder "Aktivität" (Tat, Wirkung). Bevor ein Ding "aktual" (wirklich) wird, muss es das Subjekt von "Aktion" und "Aktivität" sein. Die "Aktualität" (gegenwärtige Wirklichkeit) folgt der Aktivität – die Aktivität ergibt sich aus der Aktion und die Aktion aus dem Agieren. Die Aktualisierung (in Aktion/Handlung übergehen) ist ein notwendiger Faktor der Verwirklichung und der Materialisierung – ohne sie werden Idealisierung und Affirmation abgebrochen, und können sich niemals in der Welt der Verwirklichung und der Materialisierung bekunden.

Erinnern Sie sich also immer daran, den Gedanken und das Wort in AKTION zu verwandeln. Sonst sind Sie nur ein Träumer von Träumen, ein Sprecher von Worten und kein Macher (oder Täter der Tat). **AKTION ist Ziel und Zweck von Gedanken und Wort!**

VIII VERWIRKLICHUNG IHRER IDEALE

Mittels Anwendung der kombinierten Kräfte der Ideenbildung und der Willensäusserung – der Gedanken und des Willens – gemäss der Methoden der drei Formeln der Idealisierung, Affirmation und Aktualisierung, fahren Sie damit fort, das, was Sie zuerst in "idealer" Form kreiert haben (i.e. in der Form eines idealen Bildes oder Gedankens), zu "verwirklichen" (i.e. real werden lassen; in wirkliche objektive Existenz konvertieren). Mit anderen Worten, wenn Sie diese Kräfte nach den genannten Methoden einsetzen, werden Sie damit fortfahren, Ihre idealisierten Formen zu verwirklichen. Insofern diese idealisierten Formen Ihre stärksten Verlangen darstellen, schreiten Sie hier voran, Ihre Erfahrungswelt nach Ihrem "Herzenswunsch" neu zu gestalten.

Ergänzend zu den Ihnen bereits gegebenen Instruktionen und zum Zweck, die wesentlichen Merkmale der fortlaufenden Instruktion zusammenzufassen, werden wir Ihnen nun die Leitprinzipien des Prozesses zur Verwirklichung Ihrer Ideale vor Augen führen – das, was Sie idealisiert haben, zu materialisieren – Bedingungen nach Ihrem "Herzenswunsch" zu schaffen.

Die Essenzielle Basis

Zuallererst müssen Sie immer von der Basis, der Grundlage und dem Fundament der KRAFT ausgehen – dem Ultimativen Prinzip der Kraft. **Sie dürfen niemals die Tatsache aus den Augen verlieren, dass die gesamte persönliche Kraft – all die persönliche Kraft, die Sie jemals hatten, jetzt haben oder jemals haben können – KRAFT als ihre ursprüngliche Quelle und Brunnen haben muss. Diese ursprüngliche Quelle darf niemals von Ihnen aus den Augen verloren werden. Je mehr Sie erkennen und realisieren, dass KRAFT Ihr grosses Reservoir und Speicher der Kraft ist, desto näher wird Ihre bewusste Beziehung zu dieser ursprünglichen Quelle,** und desto grösser wird Ihre Fähigkeit sein, auf dieses grosse Reservoir oder Lagerhaus zurückzugreifen. Sie müssen immer daran denken, dass "Erkennen und Realisieren immer der Manifestation vorausgehen muss". In dem Ausmass, in welchem Sie bewusst KRAFT im Denken und in Ihrer bewussten Realisierung im Fühlen wahrnehmen, wird Ihre bewusste Manifestation in der Tat sein.

Schüler werden oft von den wundervollen Möglichkeiten und den tatsächlichen Manifestationen der persönlichen Kraft, die sich aus der Anwendung der Prinzipien und Methoden der Willens-Ideellen Energie, Kraft und Macht, nach den Methoden der Drei Formeln ergeben, so sehr hin und her gerissen, dass sie diese grundlegende Tatsache vergessen, oder übersehen, dass alle persönliche Kraft von KRAFT ausgehen muss. Sie ignorieren die Quelle ihrer Versorgung. Dies ist jedoch ein gravierender Fehler, denn wenn Sie auf diese Weise vorgehen, werden Sie dazu neigen, den Kanal der Unendlichen Versorgung zu schliessen und dadurch den Zustrom von Kraft aus KRAFT zu begrenzen, zu reduzieren und einzuschränken. Ein solcher Kurs ist mit dem Busfahrer eines Elektrobusses zu vergleichen welcher es zulässt, dass sich seine Stromabnehmerstange von der Stromlinie ablöst, und damit die Verbindung zu der Energiequelle verliert, welche den Fahrantrieb mit Strom versorgt. Es wäre wirklich besser für Sie, den ganzen Rest dieser Instruktion zu vergessen oder zu übersehen, als dieses, ihr grundlegendes und fundamentales Prinzip.

Das Fokussierte Zentrum

Das wichtigste nach der Anerkennung, der Realisierung und der Manifestation der KRAFT ist das ähnliche Erkennen, Realisieren und Manifestieren jenes Mittelpunkts der KRAFT, welcher ihr "ICH BIN ICH", Ihr Meister-Selbst, Ihr wirkliches Selbst ist. Dieses "ICH BIN ICH" ist, wie wir Ihnen wiederholt gesagt haben, "ein fokussiertes Zentrum von Sein und Kraft, erschaffen und errichtet von KRAFT in ihrer kosmischen Manifestation". Das "ICH BIN ICH" ist für Ihre individuelle Erfahrungswelt das, was KRAFT für den Kosmos ist. Es ist der Oberste

Fakt Ihrer individuellen Existenz, wie KRAFT der Oberste Fakt Aller Existenz ist. Es ist das fokussierte Zentrum, durch welches KRAFT in Ihren individuellen Aktivitäten fliesst und operiert. Es ist die Reflexion der Sonne der KRAFT im Tautropfen Ihres mentalen und physischen Seins.

Sie müssen von der Idee Ihres "ICH BIN ICH" immer als von dem zentralen Punkt Ihrer Erlebniswelt, um den sich der ganze Rest bewegt, kreist und vorbeizieht, denken, sich ein Bild davon machen und demgemäss handeln. Sie sind das Echte in der vorbeiziehenden Show, welche in einem sich ständig ändernden immer fortschreitenden Strom vor Ihnen vorüberzieht, und welche zu Ihrer Erbauung, Anweisung und Erfahrung präsentiert wird. SIE sind "ES" in dieser Welt der Erfahrung – die eine Sache, die Sie aus tatsächlicher Erfahrung als Realität kennen. SIE sind das Etwas, das weiter existieren würde, selbst wenn die ganze Welt der Erfahrung aus der Existenz ausgelöscht wäre – das konstant und unberührt bleiben wird, solange Es von der KRAFT als ein Brennpunkt aufrechterhalten wird. Sie müssen diese Tatsache Ihrer eigenen Realität und Ihren Platz in Ihrer Erfahrungswelt immer im Gedächtnis behalten.

Dieses Bewusstsein der Egoität muss zu einem zentralen und fokussierten Punkt intensiver Wahrnehmung und Realisierung in Gedanken und Gefühlen gebracht werden. Das Bewusstsein Ihrer Realität und Beständigkeit, inmitten der Welt der sich verändernden Dinge und vorübergehenden Szenen, muss von Ihnen erworben werden – es muss ein Teil Ihres innersten Bewusstseins des Denkens und Fühlens werden. Es ist die wahre Essenz der praktischen Anwendung Persönlicher Kraft. Sie müssen wachsen, um zu fühlen, dass, was auch immer sich ändern oder vergehen mag, SIE – das "ICH BIN ICH" – bleiben werden, verharrend, konstant und identisch. Sie müssen danach streben, das Bewusstsein des Philosophen zu erlangen, der, als ihm gesagt wurde, dass die Welt zu Ende ging, ruhig antwortete: "Nun, was ist schon dabei? Ich kann ohne sie auskommen!" Der Gedanke "der Absturz der Welten" darf Sie nicht stören – Sie müssen lernen zu denken und zu fühlen: "Diese Dinge bewegen mich nicht!"

Aber denken Sie immer daran, dass dieses "ICH BIN ICH", das SIE sind, nicht der "John Smith" oder der "Mary Jones" Teil von Ihnen ist – der Teil, der aus den Instrumenten und Maschinen Ihres persönlichen Ausdrucks und ihrer persönlichen Manifestation besteht. Es sind nicht die blossen Gewänder der Persönlichkeit, welchen Sie solch grossartige Tatsachen des Seins zuschreiben – Sie schreiben es demjenigen zu, welcher diese Kleidungsstücke derzeit trägt.

Diese zufälligen Merkmale der Persönlichkeit sind nur die Dinge der unbeständigen, sich verändernden, vorübergehenden, phänomenalen Welt, die Sie jetzt im Bewusstsein erleben. Das "ICH BIN ICH" ist jene Wirklichkeit, die diese phänomenalen Instrumente, Maschinerie, Kleidungsstücke oder Anhaftungen, welche in ihrer Gesamtheit den "John Smith" oder "Mary Jones" Aspekt Ihrer Individualität ausmachen, transzendiert. Lassen Sie nicht zu, Sich mit diesem äusseren Aspekt der Persönlichkeit im Bewusstsein zu verwickeln – befreien Sie Ihre innere Individualität im Bewusstsein davon. Lassen Sie sich durch diese äussere Haut Ihrer Persönlichkeit nicht geistig "einengen". Tauschen Sie nicht Ihr Geburtsrecht der permanenten Individualität gegen das *Linsengericht der vergänglichen Persönlichkeit.

*(*Genesis 25:34 Esau verkaufte sein Erstgeburtsrecht an Jakob für den Preis eines Linsengerichts)*

Sie müssen die irrige Vorstellung, dass Sie ein blosser "Wurm des Staubs" sind, eine niedrige Kreatur, die nur dazu fähig ist, auf ihrem Bauch herumzukriechen, und darum zu betteln, dass sie nicht beschritten werden darf, für immer beiseitelegen. Sie müssen erkennen, dass Sie SIE sind – eine grossartige Manifestation und Ausdruck von KRAFT. Für SIE haben die Evolutionsprozesse viele Jahre lang geschuftet und gerackert. Für Sie hat die Natur unzählige Geburtswehen durchgemacht, durch einen ewig langen Zeitraum der Zustellung. Auf SIE hat die Zeit lange gewartet. Jetzt, wo SIE hier sind, in Ihrem gegenwärtigen persönlichen Existenz-Zustand, ist es Ihr Recht und Ihre Pflicht, die volle Macht und Kraft, die Ihnen innewohnt, auszudrücken, zu manifestieren und voranzuschreiten, um Ihre augenscheinliche

Bestimmung anzutreten. Sie sind SIE; und SIE sind bereit, sich im vollen Mass Ihrer innewohnenden Fähigkeiten zu äussern.

Tragen Sie in all Ihrer Arbeit, in all Ihrem Rollenspiel, in all Ihren Aktivitäten, körperlich und geistig, das Bewusstsein, dass Sie SIE sind – ein Zentrum der Kraft in der grossen kosmischen Manifestation der KRAFT. Bauen Sie alles, was Sie tun, auf diesem Bewusstsein auf – all Ihre mentale Arbeit, all Ihre körperliche Arbeit. Schwanken Sie nicht: seien Sie stark. Erkennen und realisieren Sie immer, dass Sie ein zentrierter, fokussierter, konzentrierter Punkt der Realität sind – ein Brennpunkt und Zentrum der Kraft-Präsenz der KRAFT. Erkennen und realisieren Sie, dass hinter Ihnen, um Sie herum und in Ihnen, KRAFT ist – Alle-Kraft-Die-Es-Gibt; und dass in dem Masse, in welchem Sie ihr erlauben, frei durch Sie zu fliessen, das Mass Ihrer persönlichen Kraft sein wird. Lernen Sie das "ICH BIN ICH" zu bestätigen, in vollem Bewusstsein dessen, was die Worte bedeuten; stellen Sie sich geistig als das "ICH BIN ICH" vor; und dann leben und verkörpern Sie die Wahrheit Ihres Seins, das so in Gedanken, Gefühlen und Worten ausgedrückt ist.

Durch das sorgfältige Befolgen der obigen Anweisung bezüglich des "ICH BIN ICH", wahrgenommen als ein fokussiertes Kraftzentrum der KRAFT, und als das permanente, konstante, identische Element bzw. Faktor Ihres Seins, werden Sie feststellen, dass Sie eine grössere und weit effizientere Phase der persönlichen Kraft entfalten. Sie werden nicht nur ein definierteres, konzentrierteres und fokussierteres Zentrum der Manifestation der persönlichen Kraft erschaffen, dessen Quelle und wahre Natur Sie, auf den höheren und verborgenen Ebenen Ihres Bewusstseins verweilend, Ihrem Unterbewusstsein und Ihrem Überbewusstsein, erkannt und realisiert haben; Sie werden auch zur sukzessiven Entfaltung einer höheren Kraft des Wissens, des Fühlens und des Tuns durch die erhöhte Effizienz und Kraft Ihrer Instrumente und Ausdrucksmaschinerie voranschreiten.

Diese Lehre vom "ICH BIN ICH" – Seinen Kräften und Möglichkeiten – ist keine "Milch für Kleinkinder": sie ist eher nahrhafte Nahrung für starke Männer und Frauen und für solche, die stark werden wollen. Der praktische Test der Wahrheit ist: "Wird mich dies stärker, besser und effizienter machen?" Diese Lehre erfüllt den Test der Wahrheit, denn sie wird Sie sicherlich stärker, besser und effizienter machen. Sie steht im Einklang mit dem Gesetz der Evolution, welches sich auf der spirituellen und mentalen Ebene sowie auf der physischen Ebene manifestiert. Fügen Sie sich dem Gesetz der kosmischen Evolution, und die Kräfte des Kosmos werden Ihnen zu Hilfe kommen, und Sie werden zu einem der Auserwählten werden; wenn Sie sich dem Gesetz widersetzen oder ihm zuwiderlaufen, werden Sie schonungslos an die Wand gedrückt und als ungeeignet verworfen werden. In dem einen Fall werden Sie durch das Gesetz ernährt, unterstützt, gestärkt und ermutigt; im anderen Fall werden Sie durch seine Operationen gnadenlos verdrängt.

Wir zitieren hier aus der Aussage eines der gegenwärtigen Autoren, die von seiner Feder in einem viel früheren Werk stammt; Diese Aussage ist jetzt genauso wahr wie vor vielen Jahren:

"Wenn Sie ein wahres Individuum sind, ist diese Lehre genau das, was Sie wollen. Dies gilt auch, wenn Sie noch kein wahres Individuum sind, aber ernsthaft danach streben, eines zu werden. Aber wenn Sie ein Schwächling sind und es vorziehen, einer zu bleiben, anstatt aufzustehen und Ihr Geburtsrecht der Stärke, Ihr Erbe der Kraft, zu beanspruchen, dann bleiben Sie auf jeden Fall so, wie Sie sind und gehen Sie in Frieden ihres Weges. In diesem Fall überlassen Sie diese Lehren denjenigen der Menschheit, die ihr Geburtsrecht der Kraft nicht für das Linsengericht negativer Zufriedenheit und schafartiger Passivität und Fügsamkeit verkaufen werden, sondern die mutig ihre eigenen Rechte beanspruchen und ihren rechtmässigen Teil verlangen. Denn diese, Ihre starken Geschwister, sind die Individuen – die wahren Individuen – die kommenden Erben der Erde."

Den idealen Körper verwirklichen

Durch die Anwendung der Prinzipien des kombinierten Ideations-Willens, im Sinne von Idealisierung, Affirmation und Verwirklichung, können Sie Ihren physischen Körper nach dem Entwurf, der in Ihrem

Geist angelegt und strukturiert ist, aufbauen oder wiederaufbauen. Sie können sich auf diese Weise körperlich "wiederinstandsetzen", wobei Ihr Erfolg von Ihrem Grad der erfolgreichen Erkennung und Realisierung der involvierten Prinzipien und von Ihrem Grad der effizienten Anwendung dieser Prinzipien abhängt.

Dies ist keine neue und befremdliche Doktrin. Im Gegenteil wird sie durch die vielen Schulen der Geistheilung, Mentalen Heilung, Glaubens-Heilung, Metaphysischen Heilung, etc. gelehrt und praktiziert, welche im letzten Viertel-Jahrhundert im Auge der Öffentlichkeit so stark präsent war. Tausende haben sich von schwachen, kranken Menschen in starke, gesunde Individuen verwandelt, durch Methoden, die in ihrer generellen Natur den in diesem Buch vorgestellten ähnlich sind. Überdies haben sich viele, mittels Systemen der Körperkultur, welche zumindest einige Elemente des Ideations-Willens verwenden, ihre physischen Körper im wahrsten Sinne des Wortes "generalüberholt", um sie von gebrechlichen, mickrigen, unentwickelten Formen zu starken, robusten, effizienten, gutentwickelten physikalischen Instrumenten des Ausdrucks aufzubauen.

Die allgemeinen Prinzipien, die im Prozess der Verwirklichung des idealen Körpers enthalten sind, sind diejenigen, die Ihnen bereits vorgestellt wurden; die angewandten Methoden sind die, die Ihnen in diesem Buch ebenfalls vorgestellt werden. Sie beginnen mit dem Bewusstsein, dass der physische Körper und all seine Teile und Organe nur das Instrument des "ICH BIN ICH", des Meister-Selbst und des Wahren Selbst sind – das Letztere ist das zentralisierte Zentrum der KRAFT. Das Meister-Selbst übernimmt die Kontrolle über sein physisches Instrument und seine Maschinerie und baut dieselben nach dem höchstmöglichen Muster, Entwurf oder Gussform auf.

Dabei verwendet es die kombinierten Prinzipien des Ideations-Willens – die ideale Form, die durch die Willenskraft energetisiert wird. Es geht von der Idealisierung aus, oder von der Schöpfung und Projektion des idealen Bildes oder der Gedankenform. Es begleitet diese durch die entsprechende Bekräftigung der Idee oder des Gedankens. Es fährt auch fort, die Methode der Aktualisierung anzuwenden, durch die es "die Idee lebt", "die Rolle ausübt"; und führt auch körperliche Handlungen, Übungen und Methoden die angemessen erscheinen durch, und beachtet solche grundlegenden Naturgesetze der Gesundheit und des körperlichen Wohlbefindens wie sie von den besten Denkern in diesem Sinne bekannt gegeben werden.

Dies sind die allgemeinen Prinzipien und Methoden, die in den Prozessen der Verwirklichung des idealen Körpers angewandt werden – der Verwirklichung eines perfekten, gesunden, starken, effizienten Körpers, der im Geist als ideale Form dargestellt wird. Wenn Sie die Prinzipien anwenden, die in den vorhergehenden Abschnitten dieses Buches bekannt gegeben und erläutert wurden, insbesondere jene, die in der Beschreibung der Drei Formeln enthalten sind; die hier beschriebenen und erläuterten Methoden anwenden und sie sorgfältig und intelligent an die besonderen Anforderungen Ihres individuellen Falls anpassen; sollten Sie in der Lage sein, die Ergebnisse, die Sie anstreben, in zufriedenstellendem Masse zu manifestieren.

All dies erfordert gewissenhaftes und beharrliches Bestreben, umsichtige Achtsamkeit und hartnäckigen Durchhaltewillen. Wir bieten Ihnen keinen "Zauberstab" durch dessen Gefuchtel Sie instantan vollkommene Gesundheit und perfektes körperliches Wohlbefinden gewinnen können. Aber wenn Sie die passenden Methoden befolgen, basierend auf den soliden fundamentalen Prinzipien, die hier beschrieben werden, und die Definitiven Ideale, Beharrliches Verlangen, Zuversichtliches Erwarten, Hartnäckige Entschlossenheit, Ausgewogene Gegenleistung bekunden, gibt es keinen Grund, warum Sie das, was Sie anstreben, nicht erwerben sollten. All dies bedeutet "Arbeit" – ernsthafte Arbeit, hartnäckige Arbeit – aber das Resultat ist die ganze Arbeit wert, die Sie der Aufgabe widmen.

Das ideale Mind verwirklichen

Was gerade über den Prozess der Verwirklichung des idealen Körpers gesagt wurde, kann auch über den Prozess der Verwirklichung des idealen Minds gesagt werden. Durch den Einsatz der allgemeinen Grundsätze des kombinierten Ideations-Willens, nach dem Vorbild der Idealisierung, Affirmation und Verwirklichung angewandt, können Sie Ihr Mind als Ganzes entwickeln und pflegen, oder irgendwelche seiner besonderen Fähigkeiten oder Kräfte, zu einem hohem Grad oder Stand der Effizienz. Hier, wie im Fall des physischen Körpers, hat das "ICH BIN ICH" die Kontrolle über seine Instrumente und seine Maschinerie des Ausdrucks, und ist in der Lage, das Wirken dieser Instrumente oder Maschinerie zu kultivieren und zu entwickeln, zu trainieren und zu lenken.

Das "ICH BIN ICH" oder Meister-Selbst übernimmt die aktive Steuerung der mentalen Fähigkeiten, beginnt den Prozess der Ausübung, Anregung, Stimulierung und des allgemeinen Aufbaus, und macht diese Instrumente des Ausdrucks effektiv. In diesem Wirken ruft das "ICH BIN ICH" die kombinierten Kräfte des Ideations-Willens zu seiner Hilfe, und verwendet dieselben in Richtung Idealisierung, Affirmation und Verwirklichung. All diese Prozesse sind Ihnen aufgrund ihrer wiederholten Präsentation in diesem Buch vertraut.

Während der Idealisierung wird das Mind oder seine sich unter "Behandlung" befindlichen speziellen Fähigkeiten durch das Idealbild oder die Gedankenform so dargestellt, wie es zu werden und zu sein gewünscht ist; das Ideal wird ständig im Auge behalten, als ein Muster oder eine Form, nach deren Vorbild die Materialisierung fortfahren soll. Affirmationen oder verbale Aussagen neigen dazu, die in der Idealisierung ausgedrückte Idee oder den Gedanken zu kristallisieren; sie geben der Idee oder dem Gedanken, der so dargestellt wird, "Körper" und liefern so eine festere Substanz, auf der die Materialisierung fortschreiten kann.

In den Prozessen der Aktualisierung ist der Verstand (oder seine speziellen Fakultäten) jedoch mit Aufgaben ausgestattet, die dazu bestimmt sind, die Fakultät oder die Fakultäten unter "Behandlung" auszuüben, zu entfalten, zu entwickeln, zu kultivieren, zu stärken und zu trainieren. Mentale Fähigkeiten können, wie physische Muskeln, nur durch Gebrauch, Übung, tatsächliche Beschäftigung und Arbeit voll entwickelt werden; Sie werden nur durch den Kontakt und die Ausübung der eigentlichen Arbeit, für die sie bestimmt sind, stark und effizient.

Man muss tatsächlich "denken", um "Gedankenkraft" zu entwickeln; man muss tatsächlich "wollen", um "Willenskraft" zu entwickeln; man muss tatsächlich "wahrnehmen und beobachten", um "Scharfsichtigkeit" zu entwickeln; man muss tatsächlich "planen und erfinden", um "kreative mentale Kraft" zu entwickeln; und so weiter entlang der gesamten Liste der mentalen Kräfte. Mentale Entwicklung, Kultivierung und Training beinhalten immer mentale Beschäftigung, Bewegung, Gebrauch und Arbeit. Es gibt keine Ausnahme von dieser Regel; und jeder Versuch, ihr zu entkommen, führt nur zu Enttäuschung. In der Verwirklichung des Idealen Geistes sind die Prozesse der Aktualisierung daher von vitaler Wichtigkeit und wesentlich; sie können jedoch an Kraft und Wirkung gesteigert werden, und ihnen kann bestimmte Richtung und Form gegeben werden, indem sie den Prozessen der Idealisierung bzw. Affirmation folgen.

Die Mentalen Fakultäten sind wie folgt eingeteilt: (1) Fakultäten des Denkens; (2) Fakultäten des Gefühls; (3) Fakultäten des Willens.

Der Gedanke besteht aus (a) Empfindung; (b) Wahrnehmung; (c) Konzeption; (d) Generalisierung; (e) Vergleich; (f) Erwägung; (g) Beurteilung; die höheren Prozesse des logischen Denkens werden entsprechend den Prinzipien von Induktion und Deduktion durchgeführt. Erinnerung und Imagination sind auch wichtige Phasen der Gedankenaktivität.

Gefühl besteht aus (a) Einfachem Gefühl; (b) komplexem Gefühl, oder Emotion; (c) Verlangen.

Wille besteht aus (a) Verlangens-Willen; (b) Abwägendem-Willen; (c) Handlungs-Willen; in all seinen verschiedenen Formen und Phasen.

Im Prozess der Aktualisierung, der auf das Ziel der Verwirklichung des idealen Mind ausgerichtet ist, sollten Sie die besten Lehrbücher konsultieren, die sich mit den speziellen Themen der einzelnen Fakultäten oder Gruppen von Fakultäten, und wissenschaftlichen Übungen für deren Kultivierung, Entwicklung und Ausbildung befassen. Es gibt eine Anzahl guter Lehrbücher dieser Art auf dem Markt, die in jedem guten Buchladen gefunden werden können.

Im vorliegenden Band werden die vollständigen allgemeinen Prinzipien und die Methoden ihrer Anwendung beschrieben: Durch die Anwendung dieser Prinzipien nach besagten Methoden können wunderbare Ergebnisse in Richtung allgemeiner Mind Entwicklung durch Verwirklichung erzielt werden. Aber es ist leicht zu erkennen, dass es aufgrund der allgemeinen Natur und des breiten Feldes des vorliegenden Buches unmöglich ist, hier in der erweiterten Form die Details des Kultivierens, Entwickelns und Trainierens, der oben erwähnten Reihe von Fakultäten, durch Aktualisierung vorzustellen; Wie wir bereits ausgeführt haben, sind mehrere separate Bände erforderlich, die eine solche detaillierte Darstellung dieser wichtigen Themen enthalten. Daher müssen wir Studenten, die vielleicht eines dieser speziellen Themen ausführlicher verfolgen möchten, auf getrennte und spezielle Bücher eines solchen verweisen.

Die idealen Bedingungen oder die ideale Umwelt verwirklichen

Die idealen Bedingungen und die ideale Umwelt zu verwirklichen – die "Tagträume" der Bedingungen und der Umgebung nach "dem Herzenswunsch" in materieller objektiver Existenz und Form zu manifestieren – bedeutet wohl ein Wunder des täglichen Lebens zu vollbringen. Aber solche Wunder werden allerseits von erfolgreichen Männern und Frauen in unserer Zeit vollbracht und wurden in der Vergangenheit von jenen Individuen vollbracht, die Gedanken in Taten verwandeln konnten und die idealen Bedingungen und die Umwelt in solche der materialisierten und objektiven Form verwandelten.

Durch Anwendung der Prinzipien und Methoden, die wir Ihnen in diesem Buch zur Berücksichtigung nahegelegt haben, können Sie vernünftigerweise erwarten, dass Sie ziemlich zufriedenstellende Ergebnisse in Richtung dieser besonderen Erscheinungsformen erzielen; In der Tat ist es mehr als wahrscheinlich, dass die ähnlichen Erfolge der oben genannten Männer und Frauen zu einem grossen Teil auf die mehr oder weniger unbewusste Anwendung dieser Grundprinzipien und die Anwendung ähnlicher Methoden zurückzuführen sind.

Viele Personen, die diese Prinzipien nie beschrieben, erklärt oder illustriert bekommen haben, sind sich ihrer intuitiv bewusst geworden und haben sie durch Methoden angewendet, die den hier von uns vermittelten ähnlich sind. Diese Prinzipien und Methoden wurden von uns nicht "entdeckt" oder "erfunden" – sie sind universell und wurden immer in gewisser Weise und in gewissem Ausmass von den Menschen angewandt. Wir haben sie hier nur formell erklärt, ihre Natur und Wirkungsweise erklärt und auf diejenigen Methoden hingewiesen, welche sich in der Erfahrung der Menschheit als die wirksamsten erwiesen haben.

In der gegenwärtigen Verwendung der Begriffe bedeutet "Bedingungen": "Zustände oder Situationen in Bezug auf äussere Umstände oder auf die Umwelt"; und "Umwelt" bedeutet: "Das, was umgibt oder umschliesst; Umgebungsbedingungen, Umstände, Einflüsse oder Kräfte." Kurz, "Bedingungen und Umwelt" werden als "der Teil der äusseren Welt, welcher das Individuum durch seine Wirkung auf ihn beeinflusst" verstanden. Wenn man in der Lage ist, die Bedingungen und seine Umwelt zu kontrollieren und zu steuern, dann ist man in der Lage, sich mit Lebensbedingungen und Details der Umwelt zu umgeben, die im Einklang mit dem "Herzenswunsch" und mit seinen Tag-Träumen, Idealen, Plänen, Hoffnungen und Ambitionen sind.

Unsere Lehre ist die, dass der Mensch kein Sklave von Umständen oder Bedingungen ist – kein Gefangener seiner Umwelt. Wir halten im Gegenteil dafür, dass die starken Individuen der Menschheit immer die Kraft bekundet haben, ihre ursprüngliche Umgebung und ihre ursprünglichen Lebensbedingungen zumindest zu einem beträchtlichen Grad anzupassen, zu verändern, zu verbessern, zu transformieren und umzuwandeln. Die Geschichte jedes erfolgreichen Mannes und jeder erfolgreichen Frau wird dies zeigen, und die ganze Lehre unserer Jugend basiert auf solchen Voraussetzungen. Der Unterschied zwischen Sklaven-Mind und Sklaven-Seele, und Master-Mind und Meister–Seele, ist weitgehend die Unterwerfung der ersteren in ihre Umwelt und ihre Bedingungen, und die Verweigerung der letzteren, sich so zu fügen, begleitet von ihrer Entschlossenheit, ihre eigene Umwelt zu schaffen und ihre eigenen Lebensbedingungen zu bestimmen.

Das Wunder der Verwirklichung idealer Bedingungen und der idealen Umwelt – Träume wahr werden zu lassen und seine idealen Bilder zu verwirklichen – ist ungeachtet der Tatsache, dass es sich um einen gewöhnlichen und vertrauten Vorgang handelt, dennoch ein Wunder.

Solche Wunder werden jeden Tag vollbracht; Es ist möglich, dass sie irgendwo und überall, jetzt und zu jeder Zeit, von irgendjemandem oder jedem durchgeführt werden, der die richtigen Prinzipien in die Tat umsetzen kann und der die effektivsten Methoden anwendet. Wir glauben, dass die Prinzipien und Methoden, die in diesem Buch dargelegt werden, die Essenz und das Sahnehäubchen des besten menschlichen Denkens zu diesem Thema enthalten, basierend auf den besten Erfahrungen der Menschheit. Wir glauben, dass die wesentlichen Merkmale solcher Prinzipien und Methoden in den mentalen Prozessen der erfolgreichen Männer und Frauen involviert waren, die ihre Umwelt erobert und neu erschaffen und ihre Lebensumstände niedergerissen und neu aufgebaut haben.

Wie müssen Sie nun beginnen, wenn Sie die Prinzipien und Methoden unserer Lehre auf diesen Prozess der Verwirklichung der idealen Bedingungen und Umwelt anwenden wollen? Nun, zunächst einmal müssen Sie die Zwillings-Kräfte der Idealisierung und des Willens in aktiven Betrieb setzen. Sie müssen mit der Schaffung und Etablierung, der Unterstützung und der Erhaltung einer starken Dynamischen Idee oder Kreativen Idealisierung der Grundbedingungen und der Umwelt beginnen, die Sie in objektiver Form in der materiellen Welt verwirklichen und materialisieren wollen.

Sie sollten hier das, was wir euch in dem Abschnitt dieses Buchs mit dem Titel "Die Zwillings-Manifestation" gesagt haben sorgfältig und erneut lesen und studieren. Sie müssen den Riesen der Ideation auf die Schultern des Riesen des Willens stellen – und den Zwillingsriesen-Riesen dann gebieten in ihrer Aufgabe fortzufahren. Sie müssen die energetisierende und vitalisierende Kraft des Willens in Ihr Idealbild eingiessen. Sie müssen nicht nur Ihr Idealbild durch Idealisierung und Affirmation stärken, sondern Sie müssen auch Ihren Willens-Dampf durch Glauben und zuversichtliche Erwartung stärken und energetisieren und indem Sie das Feuer des Verlangens lichterloh zum Brennen bringen. Sie müssen Sich mit Definitiven Idealen, beharrlichem Verlangen, zuversichtlicher Erwartung und hartnäckiger Entschlossenheit füllen, damit das, was Sie in idealisierter Form in Ihrem Verstand halten, sich in materialisierter Form und Aktivität in Ihrer Welt der Umstände und der Umwelt manifestieren wird. Sie müssen die "Einheit der Idee" und die "Einheit des Gefühls", die den Zweckgerichteten Willen auszeichnet, etablieren.

Erinnern Sie Sich an unsere Illustration der magischen Laterne mit ihrer lichterlohen Flamme des Verlangens, die das Licht des Willens unterhält und versorgt; das Licht des Willens trifft stark und beständig auf die Laternenseite der Idealisierung auf der das Idealbild oder die Gedankenform gemalt oder fotografiert ist; das Bild wird dann deutlich und stark auf die Leinwand oder den Bildschirm der Ätherischen Substanz des Kosmos geworfen, und es wird in materialisierter Form reproduziert. Beachten Sie diese Illustration, denn sie symbolisiert den Prozess der Materialisierung des Ideals – die Umwandlung des idealen Bildes oder der Gedankenform in die materielle Form.

Lesen und studieren Sie jetzt den vorhergehenden Abschnitt dieses Buches mit dem Titel "Die drei Formeln" erneut und sorgfältig. Lesen und studieren Sie sorgfältig jedes Wort von dem, was wir über die jeweiligen Prozesse der Idealisierung, Affirmation und Aktualisierung gesagt haben. Wenden Sie diese Prozesse dann auf die vor Ihnen liegende Aufgabe an. Idealisieren Sie die Bedingungen und die Umgebung, die Sie materialisieren und in objektiver Form realisieren möchten. Bestätigen Sie die Idee, indem Sie sie in Worten ausdrücken und ihre Realität bestätigen. Aktualisieren Sie die Idee, indem Sie die Rolle ausleben, die Sie in Bezug auf die Bedingungen und die Umgebung spielen, die Sie jetzt nach der idealisierten Form und bestätigten Aussage materialisieren; und fahren Sie damit fort, die eigentliche Arbeit auf den mentalen und physischen Ebenen auszuführen, die notwendig ist, um den Prozess zu perfektionieren und das gesuchte Ziel zu erreichen.

Formen Sie das klare mentale Bild dessen, was Sie materialisieren möchten. Beleben und energetisieren Sie dieses Bild oder Gemälde durch Willens-Kraft, die von Glauben und Verlangen geweckt und aufrechterhalten wird. Projizieren Sie dieses Idealbild oder Gedankenform in die ätherische Substanz, um dort materialisiert zu werden. Halten Sie das Bild gut definiert und kristallisiert durch positive Affirmation seiner Realität und Aussagen Ihrer zuversichtlichen Erwartung des Ergebnisses. Sprechen Sie "das Wort" seiner Verwirklichung, früh und oft und mit dem Geist und dem Klang der Gewissheit. Verweigern Sie den Hindernissen, welche die Durchführung zu verhindern suchen oder ihr entgegenstehen jegliche Existenz. Erschaffen Sie den "mentalen Pfad" durch Aktualisierung und bereiten Sie in gleicher Weise den physischen Grund für die Verwirklichung vor. Führen Sie jeden einzelnen dieser Prozesse ernsthaft, selbstbewusst, beharrlich, geduldig, hartnäckig, mit "fokussiertem" Mind durch und mit jedem Element Ihres Wesens, das der Aufgabe gewidmet oder auf sie gelenkt ist.

Abschliessend möchten wir Ihre Aufmerksamkeit und Erwägung auf eine bestimmte Vorgehensweise lenken, die von allen Individuen, die Erfolg haben wollen und in jeder Hinsicht oder auf jedem Gebiet menschlichen Bestrebens, physisch, mental oder spirituell, die Höhen der Errungenschaft erreichen wollen, verfolgt werden kann. Diese Vorgehensweise wurde, zumindest im Prinzip, von einigen der ältesten

Lehrer der Menschheit gelehrt – sie bildete einen Teil der Inneren Lehre der Alten Mysterien vieler Länder. Sie gründet auf dem Alltagsverstand und auch auf dem nicht alltäglichen Verstand – auf tatsächlicher Erfahrung und auch auf jene intuitiven Einblicke in die Höhere Wahrheit, die weise Männer und Frauen durch die Kanäle der überbewussten Fähigkeiten des Mind erlangt haben. Sie war und ist grundsätzlich nicht nur von den alten "Mystikern" und ihren modernen Nachfolgern, sondern auch von den meisten nüchternen, kaltblütigen, praktischen "Geschäftsmännern" von heute befolgt worden. Sie ist universell in ihrem Einsatzgebiet, ihrer Tragweite und in Ihrer tatsächlichen Anwendung. Sie ist bekannt als "Die Meisterformel der Errungenschaft" und wird Ihnen im folgenden Abschnitt dieses Buches vorgestellt.

IX "DIE MEISTERFORMEL"

Im vorangegangenen Abschnitt dieses Buches haben wir Ihre Aufmerksamkeit auf "Die Meisterformel der Errungenschaft" gerichtet, ein Arbeitsprinzip, das die praktische Weisheit und erweiterte Erfahrung einiger der großen Lehrer der Antike und ihrer modernen Anhänger verkörpert, und die in dieser Instruktion unseren Schülern in einfachen Worten präsentiert und auf die verdichtete Form einer definitiven Formel reduziert wird, welche nun folgt:

"Die Meisterformel der Errungenschaft besteht aus fünf Elementen:

I. Definitive Ideale. II. Beharrliches Verlangen. III. Zuversichtliches Erwarten. IV. Hartnäckige Entschlossenheit. V. Ausgewogene Gegenleistung. "

Auf gängige Begriffe reduziert, kann die Hauptformel wie folgt ausgedrückt werden: "Sie können alles haben, was Sie wollen, vorausgesetzt, dass Sie (1) genau wissen, was Sie wollen, (2) es stark genug (unbedingt) haben wollen, (3) zuversichtlich erwarten, dass sie es erreichen, (4) beharrlich entschlossen sind, es zu erreichen, und (5) bereit sind, den Preis seiner Errungenschaft zu bezahlen. "

Definitive Ideale

bestehen aus bestimmten, genau-definierten, klaren, starken und positiven Ideen, Idealen, Ambitionen, Zielen, Zwecken, Absichten und Vorhaben bezüglich der Objekte, die Sie begehren, erhoffen und erreichen wollen. Sie erfordern starke, klare, definitive Ziele die zu erwerben und zu erreichen sind. Dieses Element kann in populären Begriffen als "genau zu wissen, was Sie wollen" angegeben werden. Je klarer und bestimmter Ihre Ideen, Ideale und Absichten sind, desto grösser ist die Stärke Ihres Idealisierungsprozesses und desto mächtiger ist Ihr mentales Element der Ideation.

Die Wichtigkeit, bestimmte Ideale zu haben – "genau zu wissen, was Sie wollen" – kann nicht leicht überschätzt werden. Das Versäumnis, diesen Geisteszustand zu kultivieren, zu entwickeln und zu erhalten, kann tatsächlich als eine der grossen Ursachen für das Versagen oder den unvollkommenen Ausdruck von Männern und Frauen angesehen werden. Man kann und ist oft ziemlich stark in seiner Entwicklung und Ausübung der anderen vier Elemente der Meisterformel, aber wenn das Element der Definitiven Ideale fehlt, werden die eigenen Bemühungen weitgehend verschwendet und ineffektiv sein und man wird darin scheitern, Erfolg und volle Leistung im eigenen Lebenswerk zu erreichen.

Eine Person, der es an bestimmten Idealen fehlt – eine, die "nicht genau weiss, was sie will" – ist wie ein Mensch, der eine Reise ohne genaue Vorstellung von seinem Ziel, seiner Route und den anderen Details seiner Reise unternimmt. Wie der Mann in dem vor einigen Jahren populären Lied, singt er: "Ich weiss nicht wohin ich gehe, aber ich bin auf meinem Weg." Sodann ist er auch wie ein Mann, der mit seiner Waffe ziellos umherfeuert, ohne auf ein bestimmtes Objekt zu zielen, und dennoch erwartet, "etwas zu treffen". Oder nochmals, ist er wie ein Mann, der versucht, ein Haus zu bauen, ohne eine Vorstellung davon zu haben, welche Art der Struktur er zu bauen wünscht, wie viele Räume es enthalten soll oder wie gross seine Dimensionen sein werden.

Alles, was dem Menschen jemals aufzubauen gelungen ist, hat in seiner Vorstellung zuerst in idealer Form existiert. Alles, was ihm jemals gelungen ist, ist weitgehend durch eine definitive Zielsetzung erreicht worden, die in seinem Mind existierte und dazu diente, seinen Willen zu führen und einzusetzen. Je klarer er seine Wünsche und Absichten "idealisieren" kann, desto direkter wird sein Werk der Verwirklichung. Je klarer er in der Lage ist, seine Zielsetzung zu "idealisieren", desto fester und stabiler wird diese Zielsetzung.

Der Mann, der den Berg der Errungenschaft erklimmen will, muss nicht nur Ideale, sondern auch Definitive Ideale haben. Er muss nicht nur eine allgemeine Idee haben, die er in die Wirklichkeit umsetzen will; er muss auch Definitive Ideale haben, von welchen er wünscht, dass sie bestimmte objektive reale Form und Manifestation annehmen sollen.

Vage, undeutliche Ideale führen zu zerstreutem Zweck und fehlgeleiteter Energie. Der Mann, der heute eine Sache und morgen eine andere Sache will, wird wahrscheinlich keine von beiden bekommen. Er muss lernen, bestimmte Dinge, definitive Dinge heute, morgen und übermorgen zu wollen, wenn er sie erlangen will. Veränderliche Absichten und widersprüchliche Wünsche verhindern jene Konzentration und Fokussierung des Willens, die ein notwendiges Element allen erfolgreichen Bemühens und Erlangens ist. Man muss sich dazu entschliessen, die weniger vorteilhaften Wünsche einzeln zu eliminieren, um den Raum um die "grossen Wünsche" frei zu machen. Dadurch kann man seine Aufmerksamkeit auf die Objekte konzentrieren, die von den vorherrschenden Wünschen repräsentiert werden, und so ein Definitives Ideal in Bezug auf sie erschaffen.

Viele Menschen haben es als schwierig empfunden, Definitive Ideale zu schaffen, aufgrund des Konflikts der Verlangen, die sie in sich finden. Sie wollen so viele Dinge, dass sie nicht entscheiden können, welche Dinge sie am meisten wollen; In diesem Fall ist es für sie fast unmöglich, die Definitiven Ideale, welche die erste Voraussetzung für das Erreichen der Errungenschaften darstellen, zu schaffen und aufrechtzuerhalten. In Band 2 der vorliegenden Serie, welcher den Titel "Kreative Kraft" trägt, wird diese Phase des Themas ausführlich behandelt. Wenn Sie eine Person sind, die dem "überreichen Angebot ihrer Verlangen" ausgesetzt war und welcher es nicht gelungen ist, ein starkes und wirksames Definitives Ideal von dem zu schaffen, was Sie am meisten wollen, dann fühlen wir uns berechtigt, das besagte Buch Ihrer Aufmerksamkeit zu empfehlen.

Merken Sie sich dieses Axiom: "Die erste Sprosse der Leiter der Errungenschaft ist die Definitive Absicht – die Stufe 'genau zu wissen, was Sie wollen'." Wenn Ihr Fuss nicht fest auf dieser Sprosse steht, werden Sie niemals in der Lage sein die darauffolgenden oberen Sprossen der Leiter zu erreichen.

Beharrliches Verlangen

besteht aus dem Insistieren, Beharren, Durchhalten, Verharren, auf dem und dem Fordern dessen, dass Ihr Verlangen, Ihr Wunsch, Ihre Begierde, Ihre Sehnsucht, Ihr Drang befriedigt und zufriedengestellt wird. "Darauf bestehen" heisst: "Stellung beziehen und sich weigern, nachzugeben; fest und entschlossen an etwas festzuhalten." In dieser Aussage, die so oft in den verschiedenen Büchern des gegenwärtigen Lehrgangs gebraucht wird, finden sich Beispiele für ein Beharrliches Verlangen: "Verlangen, wie der hungernde Mensch Nahrung will; wie der verdurstende Mensch Wasser begehrt; wie der Ertrinkende Luft begehrt; wie die Mutter das Wohlergehen und die Sicherheit ihrer Kinder wünscht; wie das wilde Tier seinen Partner begehrt." Wenn Sie auf diese Weise verlangen können und wollen, dann werden Sie Beharrliches Verlangen bekunden. In gängiger Sprache ist dies "etwas stark genug zu wollen".

Ganz wenige Menschen wissen wirklich, was es bedeutet, "etwas stark genug zu wollen". Sie mögen denken und sagen, dass sie etwas "wollen", sogar, dass sie es "wirklich wollen". Aber sie haben nicht gelernt zu "wollen" mit diesem heftigen Hunger oder schrecklichen Durst des Verlangens, der das Lebewesen, das "will", mit einer Kraft auszeichnet, die sich weigert abgelehnt zu werden. Der Unterschied zwischen den Menschen, die "Dinge tun" und "Dinge bekommen", und denjenigen des entgegengesetzten Typs besteht oft zu einem grossen Teil aus dem Element des beharrlichen Verlangens – dem Element, "etwas stark genug zu wollen".

Was wir bei einem Menschen als "einen starken Willen" bezeichnen, ist oft eigentlich beharrliches Verlangen – eine Kraft des Verlangens, die fordert, befriedigt zu werden, und die Zufriedenheit nicht ruhen lässt, solange sie nicht befriedigt ist. Wenn Sie Personen dieser Art kennen, wie Sie es wahrscheinlich tun, werden Sie sich daran erinnern, dass ihre Flamme des Verlangens heftig brennt und dass sie ihren Brennstoff frei aus der Welt schöpfen. Sie werden Sich auch daran erinnern, dass Menschen, die diese heftige Flamme bekämpfen, die damit in Berührung kommen, sehr leicht dazu neigen, verbrannt oder zumindest von ihr versengt zu werden. Je mehr Sie den Geist des Willens analysieren, desto mehr werden Sie sehen, dass seine eigentliche Essenz in einem beharrlichen Verlangen besteht. Es ist einem Menschen unmöglich, einen starken Willen zu haben, es sei denn, er hat zuerst ein beharrliches Verlangen. Verlangen wurde treffend als "Die Flamme, die den Dampf des Willens erzeugt" beschrieben. Je stärker die Flamme, desto grösser die Qualität und Kraft des Dampfes.

Ein wenig Selbstanalyse wird dazu dienen, Ihnen zu zeigen, welch wichtige Rolle beharrliches Verlangen in den Prozessen der Willen-Stärke spielt. Sie werden sehen, dass Sie jedes Mal, wenn Sie grosse Willenskraft bekundeten, zuerst von einem beharrlichen Verlangen erfüllt waren. Ebenso werden Sie, wenn Sie sich zurückbesinnen, feststellen, dass in Fällen, in denen Ihre Willenskraft versagte, Ihr Verlangen schwach war oder seine beharrliche Qualität verloren hatte. Je mehr Sie die Regionen der Willenskraft erforschen, desto überzeugter werden Sie sein, dass beharrliches Verlangen den nämlichen Geist und das Wesen dieser grossen mentalen Kraft darstellt.

Etwas stark genug zu wollen bedeutet nicht nur, es sanft zu wünschen, oder es in gewissem Masse zu Ihnen kommen zu lassen. Wenn man es "stark genug" will, will man es so, wie die wilde Kreatur ihre Nahrung und ihren Partner will – so wie die Mutter ihre Jungen will, wenn sie sich von ihr entfernt haben. Beharrliches Verlangen ist ein starker elementarer Drang – eine eingeborene Urkraft. Es ist die Kraft, die alle Lebewesen in ihren elementaren Bedingungen belebt und die selbst in den unbelebten Kräften der Natur gegenwärtig zu sein scheint. Es ist die Kraft, die sich in aller Evolution, in jedem Fortschritt, in jeder Errungenschaft bekundet. Es ist eine rohe Kraft – etwas essenziell Elementares und Primitives. Es ist die Macht, die "Dinge tut", die "Dinge gewinnt", in der Welt der Veränderung und des Werdens.

In dem Band dieser Serie mit dem Titel "Verlangens-Kraft" haben wir das Thema des Beharrlichen Verlangens im Detail betrachtet und wissenschaftliche Methoden für seine Entwicklung und Kultivierung angegeben. Wenn Sie das Bedürfnis haben, hilfreiche Anweisungen in Übereinstimmung mit Beharrlichem Verlangen zu erhalten, fühlen wir uns verpflichtet, Ihnen das betreffende Buch zu empfehlen *(Band 3 dieser Buchserie mit dem Titel "Verlangens-Kraft")*. Es kann nicht fehlen, Sich in diesem besonderen Element seines Charakters zu stärken.

Notieren Sie sich dieses Axiom: "Die zweite Sprosse auf der Leiter der Errungenschaft ist die des Beharrlichen Verlangens – die Stufe, in der man etwas stark genug will." Wenn Sie Ihren Fuss nicht fest auf diese Sprosse stellen, werden Sie niemals in der Lage sein die darauffolgenden oberen Sprossen der Leiter zu erreichen.

Zuversichtliches Erwarten

besteht aus dem sicheren, zweifellosen Glauben, den Sie an eine Sache haben, bezüglich derer Sie Definitive Ideale und beharrliches Verlangen haben. Es ist die Quintessenz von Hoffnungs-Glauben – die Hoffnung, die zuversichtlich ist, und der Glaube, der weiss. Es wird durch Ihr zuversichtliches Erwarten illustriert, dass die Sonne morgen früh aufgehen wird, oder dass der Effekt der Ursache folgen wird oder dass die Summe von zwei plus zwei "vier" sein wird. Wenn Sie dieses Gefühl für das Objekt Ihrer Definitiven Absicht und Ihres beharrlichen Verlangens aufwarten können und wollen, dann werden Sie Zuversichtliches Erwarten bekunden.

Zuversichtliches Erwarten ist der wesentliche Geist des Glaubens; und Glaube wurde als "Die weisse Magie der Macht" bezeichnet. Das psychologische Prinzip, das in Erwartungsvoller Aufmerksamkeit, Zuversichtlichem Erwarten und Hoffnungsvollem Glauben involviert ist, ist eine wichtige dynamische Energie; das Prinzip manifestiert und äussert sich praktisch in allen Formen des menschlichen Strebens. Die bildliche Aussage über die Bewegung der Berge durch die Macht des Glaubens hat eine viel realere und substantiellere praktische Grundlage, als es sich die durchschnittliche Person, die die Worte hört oder liest, vorstellen kann. Menschen bewegen jeden Tag Berge von Umständen, hauptsächlich durch ihre Glaubenskraft.

Es ist ein Axiom des praktischen Geschäfts, dass ein Mensch das verkaufen kann, woran er am meisten glaubt; jeder Verkaufsleiter weiss, warum einige seiner Verkäufer bestimmte Arten oder Sorten von Waren in weit grösserer Menge verkaufen als ihre Verkäufer Kollegen, und in grösserem proportionalen Anteil als die anderen Arten oder Sorten – sie "glauben" an diese besonderen Arten oder Sorten, das ist alles! Manch ein Mensch hat es versäumt, Geschäfte zu machen, nur weil er nicht an das glauben konnte, was er verkaufen oder fördern wollte. Das ist so wahr, dass der effiziente Vertriebsleiter weiss, dass er zuerst an den potenziellen Verkäufer "verkaufen" muss, bevor dieser an seinen Kunden verkaufen kann. Ebenso weiss er, dass, wenn die Verkaufskraft einmal auf den Gedanken kommt, dass eine bestimmte Warenreihe nicht wünschenswert ist – wenn die Verkäufer "nicht mehr an die Ware glauben" – dann ist diese Warenreihe für das betreffende Warenhaus verloren.

Es gibt ein subtiles Prinzip der Psychologie, das in die Wirkungsweise von Glaubenskraft involviert ist – i.e. das der zuversichtlichen Erwartung und der erwartungsvollen Aufmerksamkeit. Die mentale Einstellung, die durch diese Begriffe angedeutet wird, wird begleitet von einer Verschärfung der wahrnehmenden und besinnlichen mentalen Kräfte; durch einen erhöhten Auftrieb, der auf die Flamme des Verlangens wirkt; und durch eine allgemeine Versteifung und Stärkung des Willens. Mangelnder Glaube oder, schlimmer noch, zuversichtliches Erwarten von Versagen und Desaster, wird dazu dienen, die Flamme des Verlangens zu dämpfen, den Willen zu schwächen und die Fähigkeiten der Wahrnehmung und der Besinnung zu lähmen und abzustumpfen. Keine der mentalen Fähigkeiten wird in vollem Umfang und auf die wirksamste Weise funktionieren, wenn Zweifel, Unglaube und Misstrauen in der Seele dieses Individuums existieren.

Den Glauben zu verlieren bedeutet, "den Mut zu verlieren", und "den Mut zu verlieren" bedeutet Verlangen und Willen zu verlieren. Wenn Sie eine solche negative Geisteshaltung gegenüber Ihren Unternehmungen manifestieren, dann fällt diesen tatsächlich "der Boden raus". Jeder

Einzelne gibt sein Bestes, wenn er ernsthaft an das Scheitern des Unternehmens "glaubt". Glaube, zuversichtliches Erwarten und erwartungsvolle Aufmerksamkeit können nicht aus der Meisterformel der Errungenschaft ausgeschlossen werden; sie dürfen auch nicht aus anderen Regeln des praktischen, effizienten Handelns weggelassen werden.

Wenn Zweifel, Unglaube und Misstrauen auf die Stufe der zuversichtlichen Erwartung oder des Glaubens in das ungünstige Ergebnis Ihrer Bemühungen, Pläne, Projekte und Unternehmungen gelangen, dann wird die negative Qualität zu einer quasi-positiven. Das heisst, es geht über das Stadium hinaus, in dem es lediglich dazu dient, den Erfolg Ihrer Pläne und Aufgaben zu verzögern, einzuschränken und zu behindern – es wird zu einer Kraft, die aktiv das Scheitern und das unerwünschte Ergebnis, welches Sie Zuversichtlich Erwarten, herbeiführt, und Ihr "Glauben" wird resultieren. Auf diese Weise wird Glaubenskraft "in den Rückwärtsgang versetzt" und Ihr Wagen des Fortschritts läuft rückwärts. Das ist keine blosse phantastische Aussage oder Form des Aberglaubens: es ist die Aussage eines aktiven, arbeitenden psychologischen Prinzips, das sich im Leben eines jeden Menschen manifestiert, der sich in diese unglückliche Geisteshaltung fallen lässt. Beweise dafür finden sich auf allen Seiten, in der Erfahrung anderer und vielleicht in Ihrer eigenen Vergangenheitserfahrung.

In Band 4 dieser Serie mit dem Titel "Glaubens-Kraft" haben wir das Thema "Zuversichtliches Erwarten" im Detail betrachtet – die zugrundeliegenden Gesetze und Prinzipien werden vollständig erklärt und Regeln und Methoden für die erfolgreiche Anwendung werden den Lesern vorgestellt. Wir fühlen uns berechtigt, Ihnen dieses Buch zu empfehlen und es zu studieren, wenn Sie zu den vielen gehören, die in der Glaubenskraft "schwach" sind und noch nicht gelernt haben, die mächtigen Kräfte des Glaubens und des zuversichtlichen Erwartens in Gang zu setzen.

Merken Sie sich dieses Axiom: "Die dritte Sprosse auf der Leiter der Errungenschaft ist die des Zuversichtlichen Erwartens – die Stufe, in der

Sie zuversichtlich erwarten, die Sache zu erhalten." Wenn Sie ihren Fuss nicht fest auf diese Sprosse stellen, werden Sie es nie schaffen die höheren Sprossen der Leiter zu erreichen.

Hartnäckige Entschlossenheit

besteht aus dem beharrlichen, insistierenden, unveränderlichen, festen, beständigen, hartnäckigen, unnachgiebigen und unerschütterlichen Willen, bzw. der gleichsamen Absicht, Entschlossenheit und dem Vorsatz, das zu erlangen, was in Ihrem Verstand als Definitive Ideale, in Ihrer emotionalen Natur als beharrliches Verlangen feststeht, und in Ihrem Glauben als zuversichtliche Erwartung. Es wird durch die berühmte Aussage von Disraeli illustriert: "Ein Mensch mit einer festen Absicht muss es vollbringen; nichts kann einem Willen widerstehen, der selbst (die eigene) Existenz auf seine Erfüllung setzen wird"; und durch Buxtons ebenso berühmten Ausdruck des Glaubens an "Unbesiegbare Entschlossenheit – eine einmal festgelegte Absicht und dann Tod oder Sieg." Wenn Sie Willen und entschlossenes Handeln auf diese Weise und in diesem Ausmass nach Ihren Definiten Idealen, Ihrem beharrlichen Verlangen und Ihrer zuversichtlichen Erwartung beschliessen können und werden, dann werden Sie in diesem Ausmass eine hartnäckige Entschlossenheit bekunden.

Hartnäckige Entschlossenheit ist ein Attribut der Willenskraft und repräsentiert das wesentliche Prinzip dieser höchst wichtigen mentalen Fakultät. Es drückt die mentale Gesinnung des unzähmbaren Willens aus – die Hartnäckige Entschlossenheit, dass Sie das, was Sie zu erreichen beschlossen haben, vollbringen müssen und werden, und dass es Ihnen gelingen muss und wird, das zu erreichen, was der Gegenstand Ihrer Ideale, Ihres Verlangens und Ihres Glaubens ist. Um Erfolg zu haben, etwas zu bewerkstelligen, müssen Sie Ihren Willen entschlossen auf die vor ihnen liegende Aufgabe anwenden, und Sie müssen die Schneidekante des Meissels Ihres Willens fest auf das vor Ihnen liegende Werk halten. Darüber hinaus müssen Sie "wollen, zu wollen", hartnäckig und entschlossen, dass das Ergebnis Ihrer Bemühungen erfolgreich sein muss und wird.

Sie werden das Wesen der Hartnäckigen Entschlossenheit erfassen, wenn Sie die wesentliche Bedeutung der beiden Elemente betrachten, aus denen der Begriff besteht. "Hartnäckigkeit" ist, "Beharrlichkeit, Verbissenheit, Standhaftigkeit." "Entschlossenheit" ist "Stärke und Bestimmtheit des Mind; fester Entschluss oder Beschluss; absolute Richtung zu einem bestimmten Ziel." Der zusammengesetzte Ausdruck zeigt den standhaften, beharrlichen, verbissenen Willen an, der sich in einer absoluten Richtung zu einem festgelegten, bestimmten, festen Ziel oder Zweck manifestiert. Oder er kann gebraucht werden, um das unveränderbare und feste Ziel, den Entwurf, die Absicht, den Entschluss, den Beschluss und den Willen zu bezeichnen, ein bestimmtes Objekt oder Ziel zu bewerkstelligen oder zu erreichen.

Hartnäckige Entschlossenheit bekundet ihre Kraft in ihrer Wirkung, die dynamische Willenskraft auf ihrer Aufgabe zu festigen und festzuhalten. Willenskraft darf nicht zerstreut oder vergeudet werden – sie muss fest auf die Aufgabe gerichtet werden. Der Mensch der starken Willens-Kraft vollbringt nichts, bis er sie in einer bestimmten, entschlossenen Richtung wirksam anwenden kann. Er muss seinen Willen im Geiste der Standhaftigkeit, Bestimmtheit, fester Intention und Absicht, positiver Richtung und unfehlbarer Konstanz manifestieren. Er muss "seine Hand an den Pflug legen und nicht rückwärts schauen." Er muss trotz Erschwernissen und Entmutigungen durchhalten; er muss Standhaftigkeit gegenüber Opposition und Hindernissen bekunden.

Im Band 5 dieser Reihe mit dem Titel "Willens-Stärke" haben wir uns im Speziellen mit diesem besonderen Element der Willens-Stärke beschäftigt. Wir erlauben uns, Sie zu bitten, die folgenden Passagen aus der betreffenden Arbeit sorgfältig zu lesen:

"Die Eigenschaften der Hartnäckigkeit sind Stabilität, Beharrlichkeit, Zielstrebigkeit, Durchhaltewillen, Verbissenheit und dauerhafte Anwendung. Hartnäckige Entschlossenheit ermöglicht es Ihnen, Ihren

Willen in der Nähe seiner Aufgabe zu halten – ihn dort fest und kontinuierlich zu halten, bis der Erfolg erreicht ist und der Sieg gewonnen ist. Erfolg hängt in vielen Fällen von der Anwendung der hartnäckigen Entschlossenheit ab – der Manifestation der Kraft und der Entschlossenheit, bis zum Schluss durchzuhalten. Manch ein Mann, der die anderen Eigenschaften der Willenskraft besitzt, hat einen tapferen Kampf geführt, aber kurz bevor die Flut sich zu seinen Gunsten wandte, hat er seine Anstrengungen aufgegeben und ist aus dem Kampf ausgeschieden, nicht durch Umstände, sondern durch seinen eigenen Mangel an hartnäckiger Entschlossenheit. Durch das Studium der Leben der grossen Erfinder – zum Beispiel Morse und Edison – werden Sie die äusserste Wichtigkeit dieser Fähigkeit des "Durchhaltens" und dieses Geistes des "nur nicht Verzweifelns" erkennen. * * *

"In Hartnäckiger Entschlossenheit und der darauf basierenden freiwilligen Handlung wählt der Wille absichtlich ein Ziel oder einen Gegenstand, der erreicht werden soll, und fährt fort, die Entschlossenheit in äusserer Form und Handlung zu manifestieren. Er geht mit intensiver Absicht und direktem Anvisieren auf sein Ziel zu. Das Ziel muss klar, eindeutig und zu einer deutlichen Visualisierung fähig sein. Die Anstrengung, dieses Ziel zu erreichen, muss die ganze Natur des Willens und die ganze Kraft und Energie der Willens-Stärke in Gang setzen. Wie gesagt wurde: 'Die ganze, vitale Stärke des Willens muss buchstäblich hineingeschleudert werden, nicht ein- oder zweimal, sondern immer wieder, bis es vollbracht ist.' Die beständige Entschlossenheit muss real sein – sie muss von Ihnen mit der vollen Kraft Ihrer Seele gemeint sein. Sie dürfen solche Beschlüsse nicht als Lappalie ansehen; Sie müssen todernst gemeint sein. Erinnern Sie sich daran, dass die Ehre und Integrität Ihres Willens auf dem Spiel steht und dass Sie ihn nicht in Verruf bringen dürfen. Einen solchen Vorsatz zu brechen bedeutet, Schande über Sie selbst und Ihren Willen zu bringen. * * * Dies ist die Essenz und der Geist der Hartnäckigen Zielgerichteten Entschlossenheit. Streben Sie immer danach sie zu erreichen, zu erhalten und zu manifestieren. Das ist 'der Blitz des Willens, der kann'."

Wir fühlen uns verpflichtet, dieses Buch mit dem Titel "Willens-Stärke" (von dem wir gerade zitiert haben) zu empfehlen und zu studieren, wenn Sie das Bedürfnis verspüren, die Willenskraft zu stärken, zu entwickeln und zu kultivieren. Es widmet sich ausschliesslich der Betrachtung der Prinzipien und Gesetze der Willenskraft und enthält praktische Anweisungen, die der Entwicklung dieser grossen mentalen Kraft dienen.

Merken Sie sich dieses Axiom: "Die vierte Sprosse auf der Leiter der Errungenschaft ist die der Hartnäckigen Entschlossenheit – die Stufe von, 'sich hartnäckig entschliessen die Sache zu erringen'." Wenn Sie Ihren Fuss nicht fest auf diese Sprosse setzen, werden Sie das Ziel, das Sie mit dieser Leiter anpeilen, niemals erreichen.

Ausgewogene Gegenleistung

besteht aus der Bereitschaft, den "Preis der Errungenschaft zu zahlen" in der Form oder Gestalt von (a) unermüdlicher und unnachgiebiger, beharrlicher und ausdauernder Arbeit, die zu Ihrem endgültigen Ziel, beziehungsweise Absicht, Bestreben oder Intention führt; und (b) das Opfern von Wünschen, Zielen, Absichten, Ideen, Gefühlen, Vorlieben und Abneigungen – de facto von allen mentalen oder emotionalen Zuständen – die Ihren Definitiven Idealen entgegentreten oder widersprechen und die deren konkrete Absicht zu beeinträchtigen, zu behindern oder zu besiegen drohen. Das Gesetz der Kompensation und des Gleichgewichts durchläuft die ganze Natur und alles Leben. Man muss immer den Preis bezahlen. Zwei alte Aphorismen illustrieren dies, und zwar: "Sagten die Götter dem Menschen: Was willst du? Nimm es – aber bezahle den Preis!" und "Tu, was du willst – aber zahle den Preis!"

Der Mann, der wirklich "etwas hart genug" will, ist immer bereit und gewillt, "den Preis zu bezahlen" – in Arbeit, Mühe, Anstrengung; und in der Entsagung von allem, was die Erreichung dessen, was er verlangt und will, behindert oder davon ablenkt.

Ausgewogene Gegenleistung ist ein grosses Gesetz der Natur: niemand entkommt ihm, nichts ist frei von seinen Geboten. Alles wird durch etwas anderes ausgeglichen. Alles muss etwas "geben", um etwas zu "bekommen". Alles muss "etwas aufgeben", um "mehr oder etwas anderes zu bekommen". Emerson hat dieses universelle Prinzip in seiner grossartigen Abhandlung mit dem Titel "Kompensation" herausgebracht; und die Erfahrung jedes einzelnen dient dazu, die Funktionsweise dieses Gesetzes zu veranschaulichen. Für alles muss etwas anderes "bezahlt" werden; Alles behält seine Position aufgrund des Gleichgewichts. Die weisen Männer der Menschheit erkennen dieses grosse Prinzip und gehen in Übereinstimmung damit vor; die Narren versuchen, es zu überwinden, und scheitern an ihrer eigenen Torheit.

Alle Menschen, die etwas Wertvolles erhalten, erlangt oder erreicht haben, haben "den Preis bezahlt". Der von ihnen bezahlte "Preis" besteht aus verschiedenen Elementen. Erledigte Arbeit; persistente Anwendung; Ausdauer; Emsigkeit; Fleiss – all dies bildet einen Teil des "Preises". Dienstleistung für Andere, wofür man in der einen oder anderen Form eine Vergütung erhält – dies ist ein Teil des "Preises" und auch ein sehr wichtiger Teil. Andere Formen des "Preises" finden sich in der Opferung und dem Verzicht auf Ideen, Ideale, Gefühle, Wünsche, Ambitionen, Ziele, die dem Subjekt oder Objekt entgegengesetzt sind, das die "höchsten Werte" oder "Hauptmotive" des Individuums darstellt. Der erfolgreiche Mann hat immer die niedrigeren Werte geopfert und darauf verzichtet zugunsten der höheren Werte.

In der Arbeit, Ihre Verlangens Kraft und Ihre Willens Stärke zu erhöhen, werden Sie oft aufgefordert werden, "den Preis zu bezahlen". Ihre grossen Wünsche verlangen das Opfer vieler kleiner Wünsche, die einen Teil des Brennstoffs in Anspruch genommen haben, welcher von den grossen "Wünschen" benötigt wird. Indem Sie diese kleinen Flammen löschen, dienen Sie dazu, der grossen Flamme des Verlangens den ganzen Treibstoff zu geben, der von ihr benötigt wird, um den Dampf des Willens zu erzeugen. Ihre Willenskraft, die in der Richtung der beharrlichen zielgerichteten Entschlossenheit operiert, findet, dass sie notwendigerweise gewisse Tendenzen Ihrer Natur, die gegen den Erfolg des Hauptgegenstandes Ihres Verlangens und Willens wirken, einschränken, kontrollieren oder sogar ganz unterbinden sollen. Der Wille ist in diesen Angelegenheiten rücksichtslos; er opfert ohne Zögern viele der kleinen Dinge Ihrer emotionalen Natur für "die Eine grosse Sache", die Ihr Summum Bonum oder Höchstes Gut darstellt.

In den zwei Bänden dieser Serie mit den Titeln "Verlangens-Kraft" und "Willens-Stärke" wurde dem speziellen Thema, die grossen Verlangen und grossen Willensobjekte zu füttern, durch absichtliches Verhungern und Hemmen der geringeren Verlangen und Willensobjekte, die die erfolgreiche Erlangung der "grossen Dinge" stören besondere Aufmerksamkeit geschenkt. Diese Bücher werden Ihnen empfohlen, wenn Sie das Bedürfnis haben, weitere und spezielle Anweisungen im Sinne von Ausgewogener Gegenleistung zu erhalten. Die meisten Menschen benötigen solche Anweisungen; Viele scheitern an einem Mangel an Verständnis für dieses grosse Prinzip des Lebens.

Notieren Sie sich dieses Axiom: "Die fünfte und letzte Sprosse auf der Leiter der Errungenschaft ist die der Ausgewogenen Gegenleistung – die Stufe des 'Bezahlens des Preises der Errungenschaft'." Auch wenn Sie erfolgreich die vier niedrigeren Sprossen erklommen haben, werden Sie dennoch versagen, wenn Sie nicht in der Lage oder nicht willens sind, Ihren Fuss fest auf diese fünfte und letzte Sprosse zu setzen. Nur wenn Sie bereit sind, "den Preis dafür zu bezahlen", werden ihre Definitiven Ideale, Ihr Beharrliches Verlangen, Ihr Zuversichtliches Erwarten, Ihre Hartnäckige Entschlossenheit ausreichend stark und aktiv sein, nur dann wird ebendiese Kraft Ihres Drangs Sie des Öfteren auf diesen letzte Sprosse der Leiter bringen, und Sie bereit und froh machen, "den Preis zu bezahlen."

Das Geheimnis der Meisterformel

"Die Meisterformel der Errungenschaft", die Ihnen präsentiert wurde, enthält die Quintessenz der Dynamischen Kräfte des Lebens und des Mind, die als Idee, Verlangen, Glaube, Wille und Balance bekannt sind.

Die Einfachheit der Meisterformel kann Sie zunächst daran hindern, ihre enorme Bedeutung voll zu erkennen; Wir vertrauen jedoch darauf, dass Sie es mental kauen und verdauen werden, so dass Sie ihre grossen Wahrheiten und wirksamen Ideen vollständig aufnehmen können.

Je länger Sie sie betrachten, je mehr Sie sie analysieren und auseinandernehmen, desto mehr werden Sie ihre verschiedenen Elemente zu einem "Arbeitsprinzip" zusammenfassen, desto grösser wird Ihr Bewusstsein ihres Werts und ihrer Effektivität sein. Halten Sie sich an der Meisterformel fest, denn sie wird sich für Sie als ein Turm der Stärke erweisen. Wir schlagen vor, dass Sie sich das *Diagramm dessen vorstellen, das im ersten Teil dieses Buches erscheint – direkt gegenüber der ersten Seite der Lektüre. Machen Sie sich ein Bild davon; und lassen Sie seine Aussage zu Ihrem Arbeitsspruch werden.

*Anmerkung des Übersetzers und Herausgebers: Leider konnte das Originaldiagramm in keinem Exemplar des englischen Originals gefunden werden. Als Ersatz kann dem Leser eventuell die nachfolgende Illustration dienen, welche der Übersetzer zur Veranschaulichung der Wirkungsweise der Meisterformel erstellt hat. Die Illustration führt die Erkenntnisse aus den Büchern des Autors William Walker Atkinsons:

"Mind Power – Das Geheimnis Mentaler Magie",

"Persönliche Kraft – Ihr Meister Selbst",

"Kreative Kraft – Ihre Konstruktiven Kräfte",

"Verlangens-Kraft – Ihre Energetisierenden Kräfte",

"Glaubens-Kraft – Ihre Inspirierenden Kräfte",

"Willens-Stärke – Ihre Dynamischen Kräfte"

in Bezug auf die Meisterformel der Errungenschaft zusammen. Insbesondere und zusätzlich die Charaktereigenschaften des Verlangens und des Willens.

*Der Reiter ist der Wille, die **Hartnäckige Entschlossenheit**. Durch die Rübe der Imagination **Definitiver Ideale**, die er dem Esel des **Beharrlichen Verlangens** vor die Nase hält aktiviert er diesen sich zu bewegen, zu tun, den Preis zu zahlen, die **Ausgewogene Gegenleistung** zu erbringen, vorwärts zu gehen. Mit jedem Schritt des Vorankommens erklimmt Reiter und Esel den Berg des Glaubens, des **Zuversichtlichen Erwartens**.*

Das ist alles, was man in der Art von allgemeinen Anweisungen sagen kann. Die Details der Anwendung müssen von Ihnen selbst erarbeitet werden – aber die Kräfte, die Sie in Bewegung gesetzt haben, werden Ihnen diese Aufgabe erleichtern, indem Sie Ihre unterbewussten und überbewussten mentalen Fähigkeiten erwecken, die Ihnen die notwendigen Ideen und Gedanken liefern. Die eigentliche Arbeit muss von Ihnen selbst geleistet werden – aber diese erwachten und erregten Kräfte Ihres Seins werden Ihnen die Stärke und Kraft geben, die Arbeit zu tun und die Aufgabe zu erfüllen: sie werden einen unerwarteten "zweiten Atem" *(i.e. Neuer Energieschub, der nach Überwinden der "inneren Hürde" im Ausdauersport eintritt)* von Kraft und Energie in Ihnen wecken und macht Sie der Aufgabe gewachsen. Aber vor allem darf Ihr Geist nicht "schwächeln" – und er wird nicht schwächeln, wenn Sie die "Meisterformel der Errungenschaft" manifestieren können, von der wir Ihnen gerade berichtet haben. Sie erinnern sich daran: "Definitive Ideale, Beharrliches Verlangen, Zuversichtliches Erwarten, Hartnäckige Entschlossenheit und Ausgewogene Gegenleistung."

Die Arbeit der Materialisierung des Ideals wird nicht nur in der Weise vor sich gehen, wie wir sie wiederholt in diesem Buch angedeutet haben: Sie werden auch das wundervolle Naturgesetz namens "Das Gesetz der Anziehung" in Kraft setzen. Dieses Gesetz wirkt in der Weise, Sie mit den Dingen, die Ihnen helfen, Sie bei Ihrer Arbeit der Materialisierung zu unterstützen, zu verbinden und sie anzuziehen. Sie werden Dinge, Personen, Umstände und Ereignisse finden, die sich auf Sie zu bewegen, während Sie voranschreiten.

Die einmal stark in Betrieb genommenen Kräfte der Natur neigen dazu, für sie das anzuziehen, was sie für die vollständige Verwirklichung der in den Prozess einbezogenen Idee brauchen. Die Materialien, die benötigt werden, um das Bild zu füllen, um die Form zu füllen, um das Muster zu erarbeiten – all dies wird sich dem materialisierenden Ideal annähern. Wie? Fragen Sie. Nun, genauso, wie sie der Idee in der Eichel nachgehen, während sie sich weiter zur Eiche entwickelt; so wie sie es in Richtung des gut mit Energie versorgten Keims des Lebens tun, aus welchem sich die endgültige Form des erwachsenen Lebewesens entwickelt. Sie setzen hier ein grosses Gesetz der Natur in Kraft: "Das Ihre wird Ihnen zuteilwerden", wenn Sie dieses Gesetz in Tätigkeit gesetzt haben.

Auf diesen Seiten wurden Sie gebeten, einige grosse Wahrheiten zu betrachten, einige ungeheure Prinzipien zu untersuchen, einige mächtigen Kräfte des Seins zu manifestieren – Dinge, die viel stärker und potentieller sind, als Sie es jetzt zu erkennen oder zu realisieren beginnen. Wenn Sie fortfahren, diese in der tatsächlichen Erfahrung zu manifestieren, wird das Erstaunen eher wachsen als abnehmen. Sie werden sich bald bewusst werden, dass Sie in engem Kontakt mit einigen der elementarsten und fundamentalsten Naturgesetze stehen – und von Aktivitäten, die von dem ausgehen, was hinter und unter der Natur liegt. Hierin wurden Ihnen einige wunderbare Werkzeuge und Instrumente des Seins vorgesetzt, nutzen Sie sie gut, aber missbrauchen Sie sie nicht. Gehen Sie nicht nachlässig mit ihnen um und spielen Sie nicht mit ihnen – wenn Sie sie überhaupt verwenden, nutzen Sie sie ernsthaft und zu definitiven und würdigen Zwecken.

Wie wir gesagt haben, sind diese Lehren nicht für Schwächlinge noch für Babys, sie sind für erwachsene, starke Männer und Frauen, die wahren Individuen der Menschheit. Sie sind für die Furchtlosen und Mutigen – und sie werden solche noch furchtloser und mutiger machen. Sie werden ihre Benutzer stärker, besser und effizienter machen – die Ziele, die von allen wahren Individuen angestrebt werden.

Diejenigen, die diese Prinzipien beherrschen – die darin enthaltene Wahrheit erkennen, realisieren und manifestieren – bilden die Auserwählten dieser Welt der Wahren Individuen, die jetzt ihren verborgenen Schatz für die Menschheit starker Individuen, die bereit sind, sie zu bewohnen, öffnet. Die Elemente dieser Prinzipien bilden den Stoff, aus dem die Übermenschen gemacht sind – die Supermenschen, die die Erde erben werden!

Wir haben diese Botschaft an Sie weitergegeben, aufgeladen mit dem Geist dessen, was wir in IHNEN wecken wollen – wir vertrauen darauf, dass ihre Schwingungen in Ihrem eigenen Wesen empfängliche Rhythmen wecken werden. Wir vertrauen darauf, dass unsere Worte in Ihnen Definitive Ideale erwecken werden, um ein bestimmtes Ziel zu erreichen. Beharrliches Verlangen, um Ihre innewohnenden und latenten Mächte, Energien und Kräfte auszudrücken und Ihr wahres Schicksal zu manifestieren; Zuversichtliche Erwartung, die nur zu dem kommt, der die Wahrheit in Gedanken und Gefühlen erkennt und verwirklicht; Hartnäckige Entschlossenheit, die sich eng auf die Aufgabe bezieht, Ihre Ideale zu verwirklichen und Ihre latenten und innewohnenden Kräfte des Seins und Tuns zu manifestieren; und die Bereitschaft, den Preis einer ausgewogenen Gegenleistung für die Verwirklichung Ihrer Ideale zu "bezahlen".

Vor allem vertrauen wir darauf, dass wir Sie gut auf den Weg zur Erkenntnis, Realisierung und Bekundung der KRAFT, von der alle Kraft ausgeht, verwiesen haben; und den Weg des fokussierten Zentrums des Seins und der Kraft der KRAFT, das SIE selbst sind – das "ICH BIN ICH", das Meister-Selbst, das Wahre Selbst von IHNEN. Wenn dem so ist, dann werden Sie sich mit dem Geist der Realität erfüllt fühlen, sich Ihrer eigenen Egoität bewusst sein und sich intuitiv und überbewusst der KRAFT, die um Sie herum, unter, hinter, über Ihnen – und in IHNEN – bewusst sein; in welcher Sie "leben, sich bewegen und sind" und welche Ihre ewige Quelle der Versorgung mit Persönlicher Kraft ist.

Wenn es uns in unserer Aufgabe gelungen ist, werden Sie in der Skala des bewussten Seins und der Existenz fortgeschritten sein. Ihre frühere Angst ist der Furchtlosigkeit gewichen; Ihre früheren Zweifel, wurden zu Gewissheit; Ihre frühere unruhige Verfassung, wurde zu Gelassenheit und innerer Kraft; Ihre frühere Schwäche, wurde zu Stärke. In diesem Fall "hat sich Ihr Kampf-Schrei geändert: Sie werden mitten in den Kampf tauchen, gefüllt mit dem Berserker Geist der Alten, furchtlos, siegessicher werden Sie Ihren Kampf-Schrei der Freiheit rufen: 'ICH BIN ICH!', 'Ich Kann, Ich Will!' 'Ich Wage, Ich Tue!', Sie werden Ihren Weg durch die Reihen der Horde der Ignoranz und Negativität pflügen und triumphierend die siegreichen Höhen des Bergs der Errungenschaft erreichen."

Dies ist unsere Botschaft der persönlichen Kraft, für SIE, das Individuum, der sein Wirkliches Selbst und seine Quelle der KRAFT gefunden hat. Wir vertrauen darauf, dass ihr Samenkorn in einem fruchtbaren Boden aufgenommen wurde, der für seine Aufnahme vorbereitet ist; und dass sie zu gegebener Zeit starke Wurzeln und kräftige Stiele aussenden wird, aus denen sich Stängel, Blätter und Blüten entfalten werden, und schliesslich die Früchte der Verwirklichung und der Errungenschaft dessen tragen wird, was so lange Ihr Ideal war. Beginnen Sie heute – JETZT – um Ihre Träume wahr werden zu lassen: Ihre Ideale werden

Wirklichkeit. Sie KÖNNEN, wenn Sie WOLLEN: Sie werden es TUN, wenn Sie es WAGEN!

FINIS

WEITERE BÜCHER DES HERAUSGEBERS

PERSONAL POWER - Buchserie

Band I – Persönliche Kraft – Ihr Meisterselbst

Bei diesem ersten Band handelt es sich um das Destillat des Eingekochten des Geheimnisses der Persönlichen Kraft, im Sinne von "Der Fähigkeit oder Stärke des menschlichen Individuums, durch die es die erwünschten Resultate auf effiziente Art und Weise, durch physischen, mentalen und spirituellen Aufwand und Bestreben, erzielen oder erreichen kann." Es ist ein Meisterwerk der beiden Autoren, das keinerlei dogmatische Behauptungen beinhaltet, sondern den Leser dahinführt sich selbst auf praktische Art und Weise von der Richtigkeit der beinhalteten Angaben zu überzeugen. Es führt den Leser dahin, selbst zu denken, zu fühlen und seine eigenen Überzeugungen zu erarbeiten. Er hat in diesem Buch die Anleitung wie er selbst mit eigenem Effort und eigener Erkenntnis zu seinem vollen Potential heranwachsen kann. Er selbst bestimmt die Grenzen. Er wird nie damit fertig werden, weil er im Fortschritt stetig seinen Horizont erweitert und damit eine noch grössere Vielzahl an Möglichkeiten erschliessen wird. Der Autor behauptet mit recht, dass der Leser, wenn er die in diesem Buch enthaltenen Kenntnisse verinnerlicht "Nie mehr derselbe sein wird".

ISBN Taschenbuch: 978-3-7494-8282-5
ISBN E-Book: 978-3-7494-4546-2

Band II – Kreative Kraft – Ihre Konstruktiven Kräfte

In diesem Buch werden Ihnen praktische Methoden und Werkzeuge vermittelt, wie Sie Ihre Kräfte fokussieren können und wie Sie die Effektivität und Effizienz Ihres Denkens und Handelns steigern können. Wollen Sie lernen, wie Sie die Kreative Kraft, welche es Pflanzen ermöglicht Felsen zu sprengen und Asphalt zu durchdringen für sich aktivieren können? Wollen Sie lernen, wie Sie Ideale Gussformen oder Matrizen erstellen können, entlang welcher Ihre Kreative Kraft zur Realisierung voranschreitet? Wollen Sie herausfinden, "Was Genau" Sie wollen? Dann ist dieses Buch das richtige für Sie. Lernen Sie Ihre persönlichen Kräfte zu konzentrieren und auf das für Sie Wesentliche zu fokussieren. Erleben Sie aus eigener Erfahrung, wie Ihre persönlichen Dynamischen Ideale ungeahnte motivierende Energien für Sie freisetzen. Geben Sie Ihrem Leben und Ihrem Dasein Sinn. Sie sind Ursache aller Ihrer Lebenserfahrungen, ob sie es wollen, oder nicht, lernen Sie diese Erkenntnis in Ihren Dienst zu stellen. Lernen Sie Das zu verursachen, was Sie wollen, und Das nicht mehr zu verursachen, was Sie nicht wollen. Geben Sie ihrem Leben die Richtung, in welche Sie sich bewegen wollen. Kreieren Sie bewusst Umstände und Möglichkeiten. Lernen sie das scheinbar Unkontrollierbare für Ihre Interessen zu lenken und zu beeinflussen.

ISBN Taschenbuch: 978-37543-03481

PERSONAL POWER - Band I

PERSÖNLICHE KRAFT

IHR MEISTERSELBST
1922

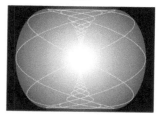

William Walker Atkinson
1862-1932
Edward E. Beals

PERSONAL POWER - Band II

KREATIVE KRAFT

IHRE KONSTRUKTIVEN KRÄFTE
1922

William Walker Atkinson
1862-1932
Edward E. Beals

PERSONAL POWER - Buchserie

Band III – Die Kraft des Verlangens – Ihre Energetisierenden Kräfte

"Sie können alles erreichen, wenn sie es stark genug wollen." Dieses Sprichwort haben Sie zumindest sinngemäss bestimmt schon oft gehört oder gelesen, nicht wahr? Was bedeutet es aber, etwas "stark genug" zu wollen oder zu verlangen? Wieviel genau ist "stark genug"? Und, wie können Sie Ihr Verlangen in diesem Sinne steigern? Antworten auf diese Fragen finden Sie zusammen mit praktischen Werkzeugen und Methoden der Anwendung in diesem Buch. Lernen Sie wie Sie regelrecht zu einer Naturgewalt werden können, welche in Ihrem eigenen Interesse wirkt. Lernen Sie wie sie Ihre Energien bündeln und multiplizieren können. Lernen Sie die Eigenschaften und Charakterzüge Ihres Verlangens kennen und wie Sie es in Ihren Dienst stellen können. Werden Sie Meister des feurigen Rennpferdes Ihrer Emotionen und lenken Sie es entlang gewünschter Pfade. Lernen Sie, sattelfest zu werden, das heisst nicht mehr von Ihren Emotionen und Verlangen aus dem Sattel geworfen zu werden. Stellen Sie die mächtige Antriebskraft Ihres Verlangens in Ihren Dienst, damit Sie unermüdlich Ihre Wünsche realisieren, Ihre Absichten erreichen, Ihre Projekte umsetzen und Ihre Sehnsüchte befriedigen können.

ISBN Taschenbuch: 978-37543-03573

Band IV – Die Kraft des Glaubens – Ihre Inspirierenden Kräfte

In vielen Büchern wird von dem Gesetz der Anziehung gesprochen. Dabei handelt es sich um die Kraft des Glaubens, die Kraft, die entsteht, wenn Sie etwas zuversichtlich erwarten. Lernen Sie Gedanken, Ideen, Menschen, Information, Umstände und die für ihre Vorhaben benötigten Ressourcen förmlich in Ihr Leben zu ziehen. Lernen Sie den Unterschied zwischen starkem und schwachem, positivem und negativem Glauben zu erkennen – und starken, positiven Glauben zu kultivieren. Bringen Sie in Erfahrung, warum Sie oft genau Das angezogen haben was sie nicht wollten, und lernen Sie wie Sie ab sofort ausschliesslich das anziehen, was Sie wollen. Erlernen Sie die Kunst der Erwartungsvollen Aufmerksamkeit und wie Sie damit mit müheloser Bemühung Ihre Absichten erreichen können. Lernen Sie den Zu-Fall zu Ihren Gunsten zu beeinflussen. Erzeugen Sie Synchronizität und Harmonie in Ihrem Leben. Stimmen Sie sich auf die Tonlage des Universums ein, um Ihre Absichten reibungslos und im Einklang mit ihrem Umfeld realisieren zu können. Machen Sie Resilienz und unerschütterlichen, zuversichtlichen Glauben zu Ihren prädominanten Charaktereigenschaften.

ISBN Taschenbuch: 978-37543-03603

PERSONAL POWER - Band III

DIE KRAFT DES VERLANGENS

IHRE ENERGETISIERENDEN KRÄFTE
1922

William Walker Atkinson
1862-1932
Edward E. Beals

PERSONAL POWER - Band IV

DIE KRAFT DES GLAUBENS

IHRE INSPIRIERENDEN KRÄFTE
1922

William Walker Atkinson
1862-1932
Edward E. Beals

PERSONAL POWER - Buchserie

Band V – Willensstärke – Ihre Dynamischen Kräfte

Der Wille ist der Meister Ihrer Werkzeuge, der Dirigent Ihres persönlichen Lebensorchesters. Er ist Ihr stärkster mentaler Muskel, welcher trainiert und gestärkt werden kann. Wenn Sie heute einen schwachen Willen haben, werden sie mit praktischen Methoden und Werkzeugen vertraut gemacht, mit welchen Sie Ihren Willen stärken können. Mit selbigen können Sie sich, wenn Sie bereits willensstark sind zu einem wahren Meister des Willens emporarbeiten. Sie lernen, wie Sie mittels Ihres Willens über die Fokussierung Ihrer Imagination das Verlangen dazu anregen können, Sie zum Handeln zu bewegen. Ebenso lernen sie auch das Geheimnis des Willens zu Wollen. Sie lernen Effektivität, Qualität und Geschwindigkeit Ihrer Entscheidungsfindung massiv zu steigern. Sie werden die geduldige Entschlossenheit des Tigers, der in zuversichtlicher Erwartung seiner Beute auflauert, kennen lernen und in Ihrem Leben anwenden. Sie lernen jederzeit zielgerichtet geistesgegenwärtig zu sein und ihre erwartende Achtsamkeit hartnäckig, unerschütterlich, willensstark, geduldig aufrecht zu erhalten um jede sich öffnende Gelegenheit entschlossen und ohne Zögern wahrzunehmen. Sie lernen, wie ein Meister an den Toren des Lebens anzuklopfen und zu gebieten, dass ihnen aufgetan wird.

ISBN Taschenbuch: 978-37543-03641

Band VI – Unterbewusste Kraft – Ihre Geheimen Kräfte

Der weitaus grössere Teil Ihres Lebens wird von Ihrem Unterbewusstsein, ihren Gewohnheiten, Reflexen und ihrem menschlichen Instinkt gemeistert. Wenn unser Bewusstsein alles das, was unser Unterbewusstsein für uns regelt übernehmen müsste, wäre es nur schon mit der Aufrechterhaltung der gewöhnlichen Körperfunktionen masslos überfordert. In diesem Buch werden Sie damit vertraut gemacht, wie Sie die mächtige und allgegenwärtige Kraft ihres Unterbewusstseins noch gezielter für sich arbeiten lassen können. Sie werden zur Erkenntnis der Tatsache gelangen, dass es sich bei Ihrem Unterbewusstsein um einen zielsicheren Erfolgsmechanismus handelt, der bei einer bestimmten Eingabe unfehlbar zu einem bestimmten Ergebnis führt. Sie lernen, wie sie Falscheingaben, die zu unerwünschten Ergebnissen führen überarbeiten können und wie Sie Ihr gesamtes Wesen in gewünschte Richtung Automatisieren können. Ausserdem lernen sie Vertrauen in diese Zielsicherheit aufzubauen und wie sie weitere ungeahnte Fähigkeiten des Unterbewusstseins nutzen können. Sie lernen die Kräfte ihres Intellekts mit denjenigen Ihrer Intuition zu verbinden um damit in allem, was Sie tun, effektiver und effizienter zu werden. Sie lernen die Kunst der mühelosen Bemühung.

ISBN Taschenbuch: 978-37543-03658

PERSONAL POWER - Band V

WILLENSSTÄRKE

IHRE DYNAMISCHEN KRÄFTE
1922

William Walker Atkinson
1862-1932
Edward E. Beals

PERSONAL POWER - Band VI

UNTERBEWUSSTE
KRAFT

IHRE GEHEIMEN KRÄFTE
1922

William Walker Atkinson
1862-1932
Edward E. Beals

PERSONAL POWER - Buchserie

Band VII – Spirituelle Kraft – Die Unerschöpfliche Quelle

Wenn Sie das Prinzip dieses Buches verstanden haben und es ernsthaft anwenden, werden sie sich durch die dadurch erzielten Resultate selbst von seiner Realität überzeugt haben. Sie werden Erkennen, dass sie unerschöpfliche Kraft zu Verfügung haben, i.e. Alle-Kraft-Die-Es-Gibt. Sie werden erkennen, dass eigentlich all ihr Bestreben aus dieser Energiequelle bestromt wird. Ausserdem werden Sie erkennen, dass Sie nie mehr ratlos sein werden, weil sie die Antworten auf alle ihre Fragen in sich tragen. Sie werden lernen die Realität der Ihnen innewohnenden Allmacht und Allwissenheit zu erkennen und zu bekunden. Sie werden den markanten Unterschied aus eigener Erfahrung erkennen, der zwischen dem Zustand konstanter Verbundenheit mit dieser Kraft und dem gegensätzlichen Zustand der Ignoranz aufgrund von Angst, Hass, Gier und Eigendünkel besteht. Das Prinzip der Anwendung funktioniert, egal ob sie die zugrundeliegende Wahrheit anerkennen wollen oder nicht und Sie werden Sich aufgrund der erzielten Resultate selbst davon überzeugen können, vorausgesetzt, dass sie aufrichtig und mit Ernsthaftigkeit vorgehen. Mit dieser Kraft als Grundlage können Sie alles erreichen, was sich wünschen, nichts steht ihnen im Wege. Gleichzeitig stellen Sie sicher, dass sie alles, was sie erreichen, in Harmonie und Einklang mit ihrem Umfeld erlangen.

ISBN Taschenbuch: 978-37543-03672

Band VIII – Gedankenkraft – Radio-Mentalismus

In diesem Buch wird ihnen der aktive Aspekt der Gedanken nähergebracht. Wie in der Elektrizität, der Mechanik und der Fluiddynamik funktioniert die Kraft der Gedanken nach eindeutig erkennbaren Mustern und Gesetzmässigkeiten. Vieles, was in der Schwingungslehre gelehrt wird ist auch für Gedankenkraft war. Es werden Ihnen Werkzeuge und Methoden vermittelt, mit welchen sie den Strom der Gedankenkraft regeln, steuern, hemmen, anregen, blockieren oder fördern können. Sie werden mit den grundsätzlichen praktischen Funktions- und Wirkungsweisen der Gedankenwellen und der Radioaktivität der Gedanken vertraut gemacht. Form und dynamisches Verhalten wird ihnen ebenso erläutert, wie der aktive Einfluss der Gedanken auf andere Menschen, Dinge und Umstände. Sie lernen, wie Sie ihre eigene Gedankenatmosphäre aufbauen, aufrechterhalten und vor ungerechtfertigtem Zugriff schützen können. Die Fähigkeit die konkrete Wirkungsweise der Gedanken visualisieren zu können wird Ihren Einfluss erheblich anheben, und den Einfluss anderer auf sie stark hemmen oder ganz blockieren. Lernen Sie diese nicht neuen aber dennoch wenig bekannten Aspekte der Gedanken kennen. Sie werden über die Wirkung erstaunt sein.

ISBN Taschenbuch: 978-37543-03696

PERSONAL POWER - Band VII

SPIRITUELLE
KRAFT

DIE UNERSCHÖPFLICHE QUELLE
1922

William Walker Atkinson
1862-1932
Edward E. Beals

PERSONAL POWER - Band VIII

GEDANKEN
KRAFT

RADIO-MENTALISMUS
1922

William Walker Atkinson
1862-1932
Edward E. Beals

PERSONAL POWER - Buchserie

Band IX – Wahrnehmende Kraft – Die Kunst der Beobachtung

Lernen Sie den markanten Einfluss kennen, den die Kraft der Wahrnehmung auf unser Leben hat. Allein das Realisieren, dass ein jeder in seiner individuell wahrgenommenen Erlebniswelt lebt und die Welt und sein Umfeld als solche ausschliesslich über die Kanäle der Wahrnehmung kennen lernen kann und kennt, bewirkt einen grundlegenden Paradigmenwechsel. Die Fähigkeit, ganz im Moment zu verweilen, vollständig auf das konzentriert zu sein, was gerade geschieht, ohne den Gedanken zu erlauben "abzuwandern" wird Ihre Leistungsfähigkeit massiv steigern. Ein aktiver Zuhörer und geistesgegenwärtiger Beobachter hat nur schon aufgrund dieser Fähigkeit klare Vorteile gegenüber einer Person, welche dieser Fähigkeiten entbehrt. Lernen Sie wie sie Ihre Wahrnehmende Kraft sowohl fokussiert auf Details als auch peripher in der Wahrnehmung des Gesamten zu steigern. Lernen sie durch willentliches Lenken und gezieltes Verweigern Ihrer Aufmerksamkeit, unerwünschten Dingen gänzlich den Zugang zu Ihrem Leben zu unterbinden und allem gewünschten die Tore weit zu öffnen. Lernen Sie wie sie Kraft der Wahrnehmung Ihr Erinnerungsvermögen massiv steigern können.

ISBN Taschenbuch: 978-37543-03702

Band X – Logisches Denkvermögen – Praktische Logik

Dieses Buch vermittelt Ihnen die Grundsätze der Psychologie des praktischen logischen Denkvermögens. Es erläutert Ihnen die Naturgesetze der Praktischen Logik. Es liefert Ihnen die Anleitung, um Ihre Erfahrungen systematisch zu klassifizieren und zu ordnen, damit Sie diese zum effizienten logischen Schlussfolgern wiederverwenden können. Es hilft Ihnen vollständiger und bewusster zu Verstehen. Sie werden mit den üblichen Fehlern des unlogischen Denkens vertraut gemacht und lernen so, Spitzfindigkeiten, Vorurteile, sinnlose Diskussionen ohne praktischen Wert und Irreführungen durch falsche Schlussfolgerungen zu entlarven und zu vermeiden – sowohl bei sich selbst als auch bei anderen. Das ernsthafte Studium dieses Buches wird sie zweifelslos stärker, besser und effizienter machen. Kurz es hilft Ihnen, einen unvoreingenommenen, gesunden Menschenverstand zu entwickeln, zu kultivieren und zu stärken. Lassen Sie sich von diesem "trockenen Thema" nicht abschrecken. Dieses Buch ist wie alle anderen dieser Reihe ganz praxisorientiert und verfällt nicht den praxisfremden Theorien der Formellen Logik, die im Studium der Höheren Mathematik vermittelt werden.

ISBN Taschenbuch: 978-37543-03719

PERSONAL POWER - Band IX

WAHRNEHMENDE KRAFT

DIE KUNST DER BEOBACHTUNG
1922

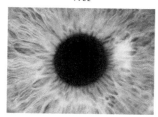

William Walker Atkinson
1862-1932
Edward E. Beals

PERSONAL POWER - Band X

LOGISCHES DENKVERMÖGEN

PRAKTISCHE LOGIK
1922

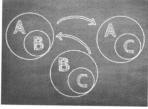

William Walker Atkinson
1862-1932
Edward E. Beals

PERSONAL POWER - Buchserie

Band XI – Charakterstärke – Positive Individualität

Ihr derzeitiger Charakter ist Resultat von Vererbung, Umfeld und Willensarbeit und, wie es oft irrtümlicherweise angenommen wird, nicht in Stein gemeisselt, sondern praktisch uneingeschränkt veränderlich. Lernen Sie, wie Sie – Ihr Meisterselbst – mit Ihrem Willen als Hammer und Amboss, ihren Charakter nach Belieben formen und schmieden können. Lernen Sie Ihren Charakter situationsbedingt und ausgewogen anzupassen, die einzelnen Eigenschaften zu steigern oder zu reduzieren, so, wie sie die Register eines Equalizers verändern, um den Klang der abgespielten Musik anzupassen. Sie werden lernen, dass es keine "schlechten" Charaktereigenschaften in diesem Sinne gibt, sondern, dass jede Eigenschaft zwei Extreme, i.e. ein Defizitär-Negativ und ein Exzessiv-Negativ, hat und dass sich die positive Norm, Umfeld- und Situations-bedingt, irgendwo im Bereich der Mitte befindet. Mit diesem Buch erhalten sie eine detaillierte Anleitung, wie Sie Ihren Charakter gemäss Ihren Wünschen durch wiederholte Willenshandlungen überholen können, um Ihrer Lebensaufgabe und Ihren Absichten optimal zu entsprechen. Willkommen in Ihrem persönlichen Charakter-Building Studio!

ISBN Taschenbuch: 978-37543-03726

Band XII – Regenerative Kraft – Vitale Verjüngung

Dieses Buch vermittelt Ihnen vergessen gegangenes Wissen über die Wirkungsweisen Ihrer generativen und regenerativen Lebenskräfte. Sie werden in die Geheimisse der Lebensenergien, die Ihren Körper durchströmen eingeweiht. Sie werden lernen, wie sie diese nicht nur generativ zur Fortpflanzung oder zur Arterhaltung nutzen können, sondern auch regenerativ zur Selbsterhaltung und Verjüngung. Des Weiteren werden Sie mit der Transmutation Emotionaler Zustände und Lebensenergien in alternative Kanäle des Ausdrucks vertraut gemacht. Sie lernen Ihre kreative Kraft, Ihre physische Leistungsfähigkeit und Ihre charismatische Ausstrahlung aus ihrer Lebensenergie zu bestromen. Die praktische Umsetzung dieses Buches erfordert ein ausserordentliches Mass an Selbstdisziplin, das sie nur dann erreichen können, wenn sie auch die anderen Bücher dieser Serie verinnerlicht und umgesetzt haben. Insbesondere ist dazu die Realisierung ihres Meisterselbst und das Training ihrer Willenskraft unabdingbar. Waren sie schon einmal verliebt und beflügelt? Ja? Setzen Sie dieses Buch in die Tat um und energetisieren Sie sich in ebendiesem Ausmass.

ISBN Taschenbuch: 978-37543-03740

PERSONAL POWER - Band XI

CHARAKTER
STÄRKE

POSITIVE INDIVIDUALITÄT
1922

William Walker Atkinson
1862-1932
Edward E. Beals

PERSONAL POWER - Band XII

REGENERATIVE
KRAFT

VITALE VERJÜNGUNG
1922

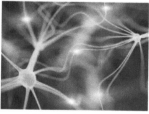

William Walker Atkinson
1862-1932
Edward E. Beals

PERSONAL POWER – Sammelband I-XII

Ein umfassendes Werk zu allen Aspekten der Persönlichkeitsbildung. Ein 100 Jahre alter Klassiker und ein Must-Have für jeden Studenten der Mentalen Fakultäten und der persönlichen Psychologie. Aufgrund des erlangten tieferen Verständnisses nach dem Studium dieser Bücher erhalten selbst andere Werke in dieser Richtung eine tiefere Bedeutung.

Der Sammelband beinhaltet alle 12 Bände der Personal Power Serie:

Band I   Persönliche Kraft – Ihr Meister Selbst

Band II   Kreative Kraft – Ihre Konstruktiven Kräfte

Band III   Die Kraft des Verlangens – Ihre Energetisierenden Kräfte

Band IV   Die Kraft des Glaubens – Ihre Inspirierenden Kräfte

Band V   Willensstärke – Ihre Dynamischen Kräfte

Band VI   Unterbewusste Kraft – Ihre Geheimen Kräfte

Band VII   Spirituelle Kraft – Die Unerschöpfliche Quelle

Band VIII   Gedanken-Kraft – Radio-Mentalismus

Band IX   Wahrnehmende Kraft – Die Kunst der Beobachtung

Band X   Logisches Denkvermögen – Praktische Logik

Band XI   Charakterstärke – Positive Individualität

Band XII   Regenerative Kraft – Vitale Verjüngung

ISBN Taschenbuch: 978-37543-03764

PERSONAL POWER
SAMMELBAND I-XII

REGENERATION * MEISTERSELBST * KREATIVKRAFT * VERLANGENSKRAFT * GLAUBENSKRAFT * WILLENSSTÄRKE * UNTERBEWUSSTSEIN * SPIRITUELLE KRAFT * GEDANKENKRAFT * WAHRNEHMUNG * PRAKTISCHE LOGIK * CHARAKTER

William Walker Atkinson
Edward E. Beals

MIND POWER – Das Geheimnis Mentaler Magie

Das Werk MIND POWER – The Secret Of Mental Magic, welches 1912 von William Walker Atkinson verfasst wurde und nun erstmals in Deutscher Sprache verfügbar ist, entspricht gewissermassen dem Eingekochten aller seiner Erkenntnisse und ist damit Pflichtlektüre eines Jeden, der sich für das Thema Gedankenkraft interessiert.

Sie werden schrittweise mit den der Gedankenkraft zugrundeliegenden mentalen und physischen Gesetzen vertraut gemacht und lernen diese in ihrem Alltag anzuwenden. Sie werden lernen, wie sie sich vor mentalen Einflüssen schützen können und wie sie sich selbst durch Autosuggestion, Visualisierung und Handeln zu einem Dynamischen Individuum wandeln können – zu einem Menschen, der klare Ziele hat, diese entschlossen verfolgt und in seinem, mit Glück und Erfolg bereicherten Leben, die Hauptrolle spielt.

ISBN Taschenbuch: 978-3-7460-7998-1

ISBN E-Book: 978-3-7460-0262-0

MIND POWER
Das Geheimnis Mentaler Magie

William Walker Atkinson

DENKEN UND HANDLE AUTOAMTISCH RICHTIG!

Das Innere Bewusstsein – Ein Kurs von Lektionen über die inneren Ebenen des Bewusstseins, Intuition, Instinkt, automatische ... wundervolle Phasen von mentalen Phänomenen.

Die heutige Zeit ist geprägt von Schlagworten wie: Autonomes Fahren, Autopilot, Automatisierung, Robotik, und vielen Mehr in dieser Richtung. Wäre es Da nicht interessant uns darüber in Kenntnis zu setzen, wie wir unseren eigenen Autopiloten einsetzen und programmieren können? Wie wir ganze Armeen von Bediensteten in unserem Unter- und Überbewusstsein mit gezielten Aufträgen für uns arbeiten lassen können? Wollen Sie herausfinden "Wie es der HERR den seinen im Schlaf gibt?". Dieses Sprichwort wird oft belustigend angewandt, beinhaltet aber eine Wahrheit über die Wirkungsweise unseres "Mind", welche von eminenter Wichtigkeit ist. Studieren Sie dieses kleine Buch und lernen Sie wie Sie mit gezieltem und deutlich geringerem Aufwand wesentlich mehr erreichen können und das praktisch im Schlaf.

ISBN Taschenbuch: 978-3-7460-9934-7

ISBN E-Book: 978-3-7460-2077-8

DENKE UND HANDLE AUTOMATISCH RICHTIG!

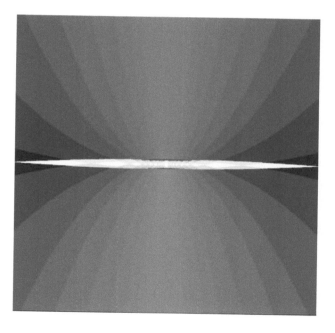

William Walker Atkinson